O legado de J. A. Gaiarsa

CIP-BRASIL. CATALOGAÇÃO NA PUBLICAÇÃO
SINDICATO NACIONAL DOS EDITORES DE LIVROS, RJ

L525

O legado de J. A. Gaiarsa / organização Fernanda Carlos Borges. - São Paulo : Ágora, 2020.
168 p.

ISBN 978-85-7183-270-1

1. Gaiarsa, José Ângelo, 1920 - 2010. 2. Psiquiatras - Biografia - Brasil. I. Borges, Fernanda Carlos.

20-65962
CDD: 926.1689
CDU: 929:616.89(81)

Leandra Felix da Cruz Candido - Bibliotecária - CRB-7/6135

www.editoraagora.com.br

Compre em lugar de fotocopiar.
Cada real que você dá por um livro recompensa seus autores
e os convida a produzir mais sobre o tema;
incentiva seus editores a encomendar, traduzir e publicar
outras obras sobre o assunto;
e paga aos livreiros por estocar e levar até você livros
para a sua informação e o seu entretenimento.
Cada real que você dá pela fotocópia não autorizada de um livro
financia o crime
e ajuda a matar a produção intelectual de seu país.

O legado de J. A. Gaiarsa

FERNANDA CARLOS BORGES
[ORG.]

EDITORA
ÁGORA

O LEGADO DE J. A. GAIARSA
Copyright © 2020 by autores
Direitos desta edição reservados por Summus Editorial

Editora executiva: **Soraia Bini Cury**
Assistente editorial: **Michelle Campos**
Capa: **Marianne Lépine, com foto de Stefan Patay**
Diagramação: **Crayon Editorial**

Editora Ágora
Departamento editorial
Rua Itapicuru, 613 – 7º andar
05006-000 – São Paulo – SP
Fone: (11) 3872-3322
Fax: (11) 3872-7476
http://www.summus.com.br
e-mail: summus@summus.com.br

Atendimento ao consumidor
Summus Editorial
Fone: (11) 3865-9890

Vendas por atacado
Fone: (11) 3873-8638
Fax: (11) 3872-7476
e-mail: vendas@summus.com.br

Impresso no Brasil

Sumário

Apresentação – A espiritualidade de Gaiarsa 7
Fernanda Carlos Borges

1 Gaiarsa: a mutação da classe média, a contracultura e a entrada das escolas neorreichianas no Brasil 19
Regina Favre

2 Sobre meu pai 39
Nadeesh Gaiarsa (Paulo Martins Gaiarsa)

3 Rua Araújo: clínica do dr. Gaiarsa 47
Fábio Landa

4 Gaiarsa, meu psicoterapeuta 59
Monja Coen

5 As origens 81
André Gaiarsa

6 Minha experiência com Gaiarsa, o "senhor das estradas" . . **89**
Pedro Prado

7 Gaiarsa, o terapeuta **109**
Daisy Souza

8 Gaiarsa: coragem de ser **119**
Regina Navarro Lins

9 Zé **137**
Dárcio Valente Rodrigues

10 Uma abordagem corporal para corpos brasileiros **151**
Fernanda Carlos Borges

Apresentação –
A espiritualidade de Gaiarsa

FERNANDA CARLOS BORGES[*]

Conheci os Gaiarsa já nos anos 1990, muito depois de todas as histórias que vocês lerão neste livro, narradas por pessoas que tiveram contato com ele a partir dos anos 1960. São histórias de um mundo em transformação, de um Brasil que se modernizava com relação aos costumes patriarcais autoritários. Histórias de rupturas e reinvenções, movidas por um desejo de liberdade. Uma liberdade que nasceu aos gritos. E que herdamos como legado tranquilizado e amadurecido que melhorou as condições de vida de todos – embora tal legado esteja hoje ameaçado pelas forças neofascistas.

Foi uma psicóloga com quem eu fazia análise em Porto Alegre – quando ainda era estudante de Filosofia e comecei a me interessar pelo corpo – que me indicou os seus livros. Leitura que determinou todo o meu destino acadêmico, da monografia

---

[*] Filósofa, doutora em Comunicação pela Pontifícia Universidade Católica de São Paulo (PUC-SP) e pós-doutora em Artes pelo Instituto de Artes da Universidade de Campinas (IA-Unicamp) e em Antropologia pelo Centro de Estudos das Migrações e das Relações Interculturais (CEMRI) da Universidade Aberta de Portugal.

em Filosofia, passando pela formação em Psicanálise, aos pós-doutorados em Artes e Antropologia, sempre pesquisando as relações entre o sistema sensório-motor e os fenômenos da consciência, da cultura, da comunicação e da ética. Sempre inspirada por Gaiarsa, que foi pioneiro no campo da pesquisa corpórea no Brasil, embora ele estivesse fora da academia. Foi por meio da admiração intelectual que me aproximei pessoalmente dele e ligamo-nos pelo amor. Amor que respondeu, também, por urgências emocionais, existenciais e espirituais.

Nascido em 1920, José Angelo Gaiarsa foi um homem do século XX. Na onda do modernismo brasileiro e das revoluções socialistas mundiais, testemunhou a ascensão e a queda dos fascismos nacionais e internacionais, viu a resistência contra a ditadura iniciada em 1964 no Brasil, presenciou a revolução sexual e feminista dos anos 1960 e 1970. Entrou na TV nos anos 1980 e cresceu como figura pop com ela.

Criado no seio de uma família de colonos italianos cuja vida era regida pelo imaginário católico cristão, Gaiarsa passou a vida toda dialogando com a imagem de Jesus. Vocês verão a Monja Coen contando que, na entrada do consultório dele, havia uma imagem de Jesus sorrindo. Não sofrendo. Abandonou completamente a frequência católica, mas Deus feito corpo sempre foi uma personagem forte no cenário do seu imaginário, reinventado. Escreveu ele (1988, p. 53):

> Cristo na Cruz talvez seja o símbolo criado pelo homem ocidental para representar esse fato básico: sempre que um desejo nos anima, logo ele articula um complexo de tensões musculares que são seu instrumento de ação sobre o mundo, de atuação com e contra as coisas que ajudam ou atrapalham o desejo.

Toda a vitalidade criativa do Deus encarnado limitada pela cruz imóvel e assassina daqueles que não conseguem amar a vida, os ressentidos. Cristo na cruz representa, para Gaiarsa, a limitação das possibilidades expressivas e conectivas do corpo. Cruz como o esqueleto ao qual a vida sucumbe ainda em vida, com todos os processos de repressão e cegueira. Estrutura morta. Gaiarsa sabia que um esforço repressivo e excessivo contra a expressão corresponde a um controle muscular que cria uma sensação do corpo como coisa densa, uma cruz.

Ele se interessava pela singularidade, por aquilo que não se repete e de onde emerge a criatividade do vivo, do Deus vivo fora da cruz. O sistema perceptivo humano é capaz de notar repetições e diferenças. Gaiarsa queria treinar nas pessoas a percepção da diferença:

> A humanidade vem exercitando-se na percepção das semelhanças, do regular, daquilo que se repete invariavelmente [...]. Nas coisas humanas – desde que os homens são o material mais elástico da natureza –, a perda de plasticidade é sempre letal a longo ou a curto prazo – a perda da vida, de criação, de variação.
> No prefácio de Fausto se lê:
> Criação, destruição
> Da Mente Perene,
> Perene recriação
> [...] A cada momento, a descoberta e o cultivo daquilo que se vai criando [...] nada de definitivo no homem. (Gaiarsa, 1988, p. 232)

Era interessado no sentido prático – quer dizer, na ética. Ou, nas palavras dele, queria aproximar aquilo que se fala daquilo que se faz. Especialmente num mundo em que se cultiva muita atenção no que se fala e pouco no que se faz. Ou pior: em que se usa a fala para ocultar o que se faz. Foi inspirado por anjos e atormentado por demônios, como todos nós.

Para Gaiarsa, esquemas motores construídos nas relações sociais podem ser entendidos como objetos reificados da cultura. O mesmo é proposto pelo antropólogo Thomas Csordas (1990) na pesquisa que realizou sobre cultos de exorcismo neopentecostais nos Estados Unidos. Csordas estudou os demônios como objetos-disposições culturais, um número limitado de emoções contidas em esquemas motores que se manifestam num ambiente compartilhado de hábitos. Tais demônios-esquemas motores possuem os participantes e são exorcizados nos cultos, quando essas pessoas "repousam no espírito", numa "aceitação encarnada de Deus". Essas imagens cinestésicas são disposições culturalmente compartilhadas para ser rejeitadas ou acolhidas. Fora do ambiente religioso, fazemos o mesmo quando, por exemplo, rejeitamos determinados esquemas motores associados à identidade "mulher" e criamos novas formas de ser e fazer mulher. Ser demônio ou anjo dependerá de quanto esses esquemas motores nos amarram ou nos libertam. A possessão dos demônios amarra e dificulta a emergência de novas formas potenciais que poderiam ser atualizadas, mas que ficam presas, criando conflito com o hábito.

Gaiarsa (2010, p. 18) repara que, etimologicamente, "espírito" deriva de "sopro" – em latim, *spiritus* significa "que sopra": "Palavras são mensagens que caminham no e são feitas de ar. Palavras são anjos". Mas também podem ser demônios...

A palavra atua no corpo, "faz a gente tomar posição; preparar--se para a coisa, para ir com ela – ou contra ela" (*ibidem*). Uma recolocação da postura implica também uma mudança respiratória. O hábito e a novidade disputam respirações. Uma "disputa" entre as atitudes reificadas (formadas no passado) e as incertas, voltadas para o futuro. Conflito expresso no imaginário popular como inspiração dos anjos ou tentação dos demônios.

E talvez por isso devamos, hoje, pensar em uma "ecologia do espírito" – como proposta por Bernard Stiègler (2002) –, já que os espíritos estão à solta e se propagando, talvez como nunca, pelos novos médiuns que lhes dão suporte: os avançados meios de comunicação e informação. Espíritos angelicais e demoníacos cujas mídias servem como médiuns a serviço da cooperação ou da discórdia, do conhecimento ou da confusão, da compreensão ou da difamação, da verdade ou da mentira. Afinal,

> o espírito é aquilo que permite que a experiência individual se torne experiência comum de partilha, não somente como memória dos fatos, mas como herança de problemas a resolver, de questões a ruminar, de ideias a defender e a explorar. [...] O espírito é uma capacidade de retorno ao passado. É por isso que os espíritos também são as almas dos mortos, os fantasmas. Mas não existe espírito sem um médium (sem intermediário) e esse é aquele que conserva a memória como organização da matéria inorgânica. (Stiègler, 2002, p. 98)

O excesso da atividade espiritual deve ser sossegado pelo Repouso no Grande Espírito, ou seja: relaxar desfazendo inclinações destruidoras que intensificam os conflitos respiratórios, produzindo descaminho. Não nos falta hoje, no Brasil, a oportunidade de ver *performances* violentas de pastores usando a palavra de Deus para destruir. Para testemunhar a violência demoníaca, autoritária e destrutiva, desligue o áudio e veja as posturas corporais, as expressões faciais e o gestual. É preciso repousar no espírito para reencontrar o caminho, desde que a ideia de Grande Espírito não seja sequestrada por sistemas de dominação. Contra isso, é sempre bom lembrar a irredutibilidade do poder do Grande Espírito. No êxtase da entrega religiosa,

> o indivíduo descobre, com surpresa, que ele "não precisa fazer nada" para existir. Descobre que algo nele é maior do que ele, e que a esse algo é possível confiar-se – e dormir. Descobre que ele existe antes do "eu" e pode continuar existindo mesmo sem "eu", sem deliberação, sem atenção, sem intenção. (Gaiarsa, 1988, p. 79)

Gaiarsa lidou com o medo da Queda. Queda que faz parte do universo mítico da tradição judaica-cristã-muçulmana. Para ele, a queda mítica é uma emergência, como metáfora, do medo da queda real provocada pelo desequilíbrio da postura do corpo humano, "porque o risco da queda é o mais poderoso estímulo à zona reticular do mesencéfalo. É o que mais nos chama a nós mesmos" (1988, p. 62). Quem não acha o caminho cai. Quem entra no descaminho tropeça e cai. Quem dá o passo maior do que as pernas cai. Quem muito quer o céu e não se entrega ao poder da terra cai. Quem é levado pelo orgulho antigravitacional cai. Quem se atira sobre os outros cai quando o outro cansa de ser a muleta do autoritarismo. Mas, se a queda é um risco, também é uma oportunidade. O risco de ser possuído pelos demônios (esquemas motores reificados que amarram o corpo) é favorecido pelo medo da queda. Os demônios usam esse medo para impedir a transformação desejada pelo Espírito. Os demônios oferecem um caminho habitual, conhecido, ultrapassado e aprisionante contra a criatividade divina, aquela que possibilita a responsabilidade (no sentido de responder) para com as melhorias do nosso mundo. Não à toa os sequestradores de Deus podem ser considerados falsos messias com um conservadorismo controlador, machista e explorador da boa vontade de quem busca um caminho. São messias do descaminho. O medo da queda envolve o medo da emergência do novo, que nos levará a um caminho desconhecido. Os falsos messias controlam o conhecido. É preciso evitar a submissão aos messias dos descaminhos e deixar-se levar pela mão de Deus ou da Deusa que moldará do barro a massa informe, a forma que abrirá novos caminhos.

> Muitos autores falam, esporadicamente, do temor da queda, mas atêm-se ao seu significado simbólico. Haveria em todos nós o temor da "queda moral", da "decadência", da "degradação", da "humilhação" e outros. Tenho, contra essa interpretação, que o temor de queda é real – temor de levar um tombo. Os significados apontados decorrem deste, e não o contrário. (Gaiarsa, 1988, p. 60)

Tudo isso é da natureza do nosso sistema postural de equilíbrio. No entanto, o medo da "queda, por sua vez, é sentido por quase todos como 'culpa' própria... ou do outro [...] note-se com que facilidade o 'eu' se identifica com o nosso aparelho – de certo modo impessoal – de equilíbrio; como abusa dele tanto na vitória como na derrota" (Gaiarsa, 1988, p. 82). E é aqui que as religiões oportunistas "salvam" pelos processos de conversão e persuasão, submetendo o pensamento, a inteligência e a criatividade à dominação que reproduz o mesmo que amarra a postura.

Muito diferente é o taoismo clássico, filosofia chinesa milenar da qual Gaiarsa se aproximou ao estudar as condições existenciais do sistema de equilíbrio biomecânico do corpo humano: "As tensões que se ativam em nós, quando estamos em relação com os objetos, são esquemáticas, necessárias e abstratas, no sentido de retratarem apenas forças da relação; por isso me apraz qualificar como impessoais" (Gaiarsa, 1988, p. 104). Gaiarsa diz isso contra a ideia de um eu capaz de dominar todo o comportamento com deliberações prévias e independentemente do corpo que é. No livro *Couraça muscular do caráter* (2019), ele escreve algumas páginas sobre a relação entre os princípios taoistas e o sistema sensório-motor. Não à toa. Lao-Tsé dizia que

> Quando o grande Tao se perdeu,
> brotaram (ideias de) humanidade e justiça.
> Quando o conhecimento e o talento surgiram
> grandes foram as decepções.
> Quando as relações familiares entraram em desarmonia,
> brotaram (ideias de) bons pais e filhos leais.
> Quando a nação mergulhou em desordem e desgoverno,
> brotaram (ideias de) ministros leais. (Watts, 1975, p. 150)

As normas servem para direcionar a ação como "placas de trânsito". A norma, nesse caso, age em serviço da manutenção de um *habitus,* e não no desbravamento de novos caminhos. Embora seja preciso saber caminhar sobre os caminhos já abertos, muitas vezes a vida necessita abrir novos, para os quais as "placas de trânsito" de nada servem. O agente da norma realiza um esforço persuasivo sobre o outro em determinada direção. No entanto, quando a "placa de trânsito" passa a se autojustificar transcendentalmente, ou seja, por si mesma, perde-se de vista o seu sentido prático, como se carregasse em si uma verdade independente. Vira um sistema de sinalização autoritário, proposto de cima para baixo, ignorada a linha do horizonte.

Nesse caso, a obediência à norma se converte num

> esforço muscular que fazemos a fim de nos obrigarmos a cumprir nossos compromissos, deveres e princípios, o elemento real à analogia verbal. [...] esforço que fazemos para obrigar a outros, ou às coisas, a obedecerem a uma certa norma, ou a se conformarem a um certo molde. É preciso muito esforço físico para conseguir este propósito. (Gaiarsa, 1988, p. 101)

Lao-Tsé também diz que

> [...] (até mesmo) a maior boa vontade do mundo,
> quando forçada, nada consegue.
> A maior virtude, quando forçada, nada obtém.
> A melhor boa forma, quando forçada,
> não surge da maneira certa;
> assim, como de hábito,
> apenas o "trabalho árduo" é usado
> a fim de aplicar a lei. (Watts, 1975, p. 146)

Sabemos que, para ser homenageado, Gaiarsa não precisa ter sido perfeito em tudo. Corajosos como ele, que abrem caminhos, erram muito e acertam muito. E aprendemos com seus erros e seus acertos. Transformam-se em medida para nossos juízos. Para este livro sobre seu legado, contribuíram algumas pessoas cujos fios da vida foram entrelaçados com a vida dele na grande tessitura complexa que é o contexto Brasil. Mas não foram somente essas. Muitas outras teceram esse legado por meio dos grupos experimentais, lendo seus livros e acompanhando-o na televisão. Você verá Gaiarsa inspirando corajosos que souberam abrir novos caminhos, assim como os acolhendo quando, cansados e machucados, o procuraram, caso da Monja Coen; inspirando pessoas contra costumes mesquinhos e mentalidades autoritárias, como nos textos de Regina Navarro Lins e Daisy Souza; acolhendo intelectuais e mulheres corajosas no movimento de contracultura paulistana, como Regina Favre. Você verá a contribuição teórica e prática de Gaiarsa no contexto da análise reichiana e da psicoterapia corporal nos textos de Dárcio Valente Rodrigues e Pedro Prado; e sua relação com a psicanálise no texto de Fábio Landa. Verá, também, como ele soube ser um bom amigo. Lerá relatos da família pelas mãos do filho Nadeesh Gaiarsa, que também é terapeuta e leva o legado do pai, assim como pelas de André Gaiarsa, sobrinho e médico psicanalista. Ambos contam um pouco sobre as transformações pessoais na vida de Gaiarsa e sua influência sobre a vida deles. E menciono também sua contribuição no campo do paradigma corpóreo na área de filosofia e ciências humanas no Brasil.

Todo esse legado deve ser aproveitado ainda hoje. Em 2020, vivemos o apogeu do levante das estruturas de dominação sobre nosso corpo e nossa mente; tais estruturas querem nos conduzir de volta à mesquinharia e à destruição. Contra essas forças, Gaiarsa ainda inspira, acolhe e ensina.

Para concluir, fiquemos com esta bela passagem do livro *Filha da fortuna*, de Isabel Allende (1998), em homenagem a todos os que, de algum modo, foram entrelaçados nesse legado:

Tao Chi'en tinha de admitir que se sentia amarrado a Eliza mediante infinitos fios infinitos e delgados, fáceis de cortar um a um, mas, pelo fato de estarem entrelaçados, os fios haviam se transformado em cordas difíceis de ser cortadas. Fazia poucos anos que se conheciam, mas já podiam olhar para o passado e ver o longo caminho, cheio de obstáculos, que haviam percorrido juntos.

REFERÊNCIAS

ALLENDE, I. *Filha da fortuna*. Rio de Janeiro: Bertrand Brasil, 1998.
CSORDAS, T. "Embodiment as a paradigm for anthropology". *Ethos*, v. 18, n. 1, 1990, p. 5-47.
GAIARSA, J. A. *A estátua e a bailarina*. São Paulo: Ícone, 1988.
_____. *Respiração, angústia e renascimento*. São Paulo: Ágora, 2010.
_____. *Couraça muscular do caráter (Wilhelm Reich)*. 7. ed. rev. São Paulo: Ágora, 2019.
LAO-TSÉ. *Tao te ching*. Rio de Janeiro: Mauad, 2011.
STIÈGLER, B. "O preço da consciência". In: MEDEIROS, M. B. (org.). *Arte e tecnologia na cultura contemporânea*. Brasília: Dupligráfica, 2002.
WATTS, A. *Tao – O curso do rio*. São Paulo: Pensamento, 1975.

1.
Gaiarsa: a mutação da classe média, a contracultura e a entrada das escolas neorreichianas no Brasil

REGINA FAVRE*

Fernanda Carlos Borges: Antes de tudo, quero agradecê-la por topar participar deste projeto sobre o legado do Gaiarsa. Você é uma das poucas neorreichianas que falam e se lembram dele, que reconhecem esse legado. É também uma precursora, tanto quanto ele, cada um ao seu modo.

Regina Favre: Quase [risos]. De alguma maneira eu sou precursora, porque sou a primeira pessoa que traiu o legado dele, na verdade.

FCB: Como assim?

RF: Porque eu nunca segui o caminho do Gaiarsa. Ele teve outro papel na minha vida, mas nunca foi um mestre. Essa é uma das questões da história da colonização do corpo no Brasil pelas escolas anglo-saxônicas. Acho que o Gaiarsa, por muitas razões, não bancou a invasão colonial ocorrida nos anos 1970. Ele ficou em um espaço muito pequeno para o

---
* Filósofa, psicoterapeuta, professora e pesquisadora do corpo no Laboratório do Processo Formativo.

talento e a inteligência dele, para o espírito de pesquisador que ele tinha, por muitas razões.

FCB: Você se situa dentro dessas escolas anglo-saxônicas?

RF: Sou uma descolonizadora, mas já fui colonizada. Sem dúvida, fui colonizada, mas sempre tive uma posição um tanto guerrilheira em relação a essas escolas.

FCB: As escolas neorreichianas?

RF: Na verdade, a cultura do corpo, que emergiu nos Estados Unidos no final dos anos 1950, foi um movimento geracional altamente libertário e diferenciador da geração anterior, dos heróis americanos da Segunda Guerra. Nos anos 1970, com o início da globalização e a abertura do mercado internacional, ela se formatou rapidamente de modo corporativo e foi exportada, como aconteceu com toda a cultura americana. Esse é o efeito do capitalismo global que se radicalizou como capitalismo neoliberal, e que estamos vivendo, como Brasil, em seu extremo trágico, representado pela relação Bolsonaro--Trump. Então, o campo das psicoterapias corporais se tornou um campo com fortes características pop, um espaço filosófico, literário, artístico, político tipicamente de classe média – com seus valores, ideais e desejos. Até mesmo a ciência é experimentada de modo positivista, para provar, e não para ser contemplada. Essa cultura do corpo que nos chegou tem fortes características de treinamento, e sua literatura é pautada no pragmatismo americano, para funcionar e ajudar indivíduos a se adaptar melhor à sua realidade imediata com um baixo índice de crítica social. E acho que você, que tem uma formação filosófica como eu, se sentiria – como eu me senti – muito insatisfeita com a quantidade de afirmações que saem de dentro da experiência prática dos autores que criaram as escolas de psicoterapia corporal que se expandiram como formações e novas profissões voltadas para o indivíduo.

Um conhecimento e uma experiência libertadores e singularizadores na origem passaram a ser comercializados como formações numa estratégia neoliberal de mercado. Então, acho que esse é o problema principal dessas escolas nas primeiras décadas. Essa submissão cultural é a primeira coisa que me aborrece, que me afastou, que me desinteressou desse campo. Esse desejo de parecer amiguinho dos americanos, dos ingleses, surgiu nos anos 1960, quando o dinheiro começou a circular no Brasil, gerando viagens para a classe média, que então passou a se abastecer de roupas, equipamentos, tecnologia, *gadgets* estrangeiros. O objetivo era parecer europeia, parecer americana. Esse era o desejo – e agora estamos vendo no que deu essa colonização e esse capachismo tão terríveis no Brasil.

FCB: Em relação ao Gaiarsa, ele não gostava das caracterologias, nem das estritamente reichianas, muito menos as da bioenergética – tal como você, digamos assim.

RF: Muito semelhante, na verdade. Acho que há um nacionalismo e um orgulho brasileiro, antropofágico, que eu tenho. Acho que sou mais antropofágica que o Gaiarsa, porque ele era muito mais velho que eu – pelo menos 20 anos, ele teria 100 e eu tenho 78. Poderia ser meu pai. Então ele era de outra geração mesmo. Acho que o Gaiarsa, quando aprofundou a questão do corpo, fez uma trajetória muito interessante. Ele era um psiquiatra ousado nos anos 1960.

FCB: Bem ousado, né?

RF: Quando vi o Gaiarsa pela primeira vez, ele ainda era um psiquiatra ao estilo Juquery. Era um psiquiatra do Hospital das Clínicas que provavelmente estagiou e trabalhou no Juquery, então ousava fazer um contato profundamente humano com o seu paciente.

FCB: Já é uma influência do existencialismo, da fenomenologia, não é?

RF: Acho que as pessoas que estagiavam no Juquery estudavam fenomenologia. Tive um analista, quando era garota revoltada, aos 17 anos, que era médico, havia se formado no Juquery e tinha uma influência existencialista imensa.

FCB: Era uma coisa de época também...

RF: Ele curtia o Jaspers, o Heidegger, o Sartre, e foi um cara que me introduziu profundamente no tema, me emprestava livros... Quando eu soube da existência do Gaiarsa, pela aparição dele na mídia, ele já rebateu com esse desejo libertário que eu nutria desde aquele tempo em que era uma garota existencialista de 16, 17 anos, que não cabia em lugar nenhum. Geração 42. Que nem o Caetano, que nem o Gil, que nem o Mick Jagger [risos].

FCB: Bem acompanhada! [risos]

RF: Muito bem acompanhada! [risos] Acho que vi o Gaiarsa – por volta de 1966, 1967 – quando a revista *Realidade* tinha aquela força durante a ditadura, aquela força sobre os costumes, sobre uma coisa brasileira muito intensa... No contexto em que eu conheci o Gaiarsa, vi-o na revista *Realidade*, revista feita por jornalistas, militantes... Naquele momento, eu era uma moça, sempre antenada, casada – casei com 21 anos, com 23 já tinha duas crianças. Casei com um europeu nos trópicos, então eu tinha um espírito aventureiro junto com ele. A gente tinha amigos intelectuais, artistas, de esquerda, e aquilo fazia sentido para mim, essas pessoas todas, esses jornalistas, essas coisas de onde o Gaiarsa emergiu. Ele era muito admirado por essas pessoas.

FCB: Porque ele era o psiquiatra não submetido àquela lógica do controle?

RF: Sim. Naquele tempo do Gaiarsa, quando ele apareceu, havia os psiquiatras do HC, que em grande parte tinham entrado na Sociedade Brasileira de Psicanálise, tinham se tornado os primeiros psicanalistas didatas de São Paulo. Então, o que a gente tinha nos anos 1960 era isto: psiquiatras do HC e psiquiatras que tinham se transformado em psicanalistas. Um ou outro era assistente social. Duas mulheres importantes – Virgínia Bicudo e dona Lígia Amaral – eram assistentes sociais. Essa era a origem da Sociedade. Nesse tempo tinha a turma da Sociedade e só. O Gaiarsa emergiu com aquela crítica, aquela observação dos costumes, a questão da sexualidade. Conheci o Gaiarsa quando ele fez a pesquisa "A juventude diante do sexo", que gerou uma polêmica enorme. Esse era o momento em que a mídia, a imprensa – só existia imprensa escrita àquela altura – estavam observando esse novo fenômeno que era a sexualidade da juventude, que vinha junto com os Beatles e todas essas coisas. Logo em seguida apareceu no Brasil a Tropicália, na passagem de 1966 para 1967. Nesse momento eu tinha um bebê – meu segundo, em 1966. Estava antenadíssima com aquilo, ouriçadíssima com aquele assunto da sexualidade liberada, com o que tinha acontecido com a pílula. Eu já me perguntava: "Pô, eu, que era uma menina tão independente, por que acabei me casando? Eu poderia estar vivendo fora do Brasil, poderia estar na militância, poderia estar tendo uma vida muito mais cheia do que essa vida dependente, casada [ainda não estava trabalhando em 1966]".

Ontem mesmo eu estava falando para a minha filha, que mora na Suíça há mais de 20 anos, justamente sobre isso: sobre minhas tentativas de ter uma vida autônoma que não fosse "casa-grande e senzala", que não tivesse essa relação colonial de elite ralé que o Jessé Souza descreve tão bem. Mas fracassei todas as vezes, capturada de volta por essa coisa de ter alguém que me ajudasse, de fazer corpo mole, de não ser capaz de encarar para valer uma limpeza de casa, uma autonomia total – como, neste momento de isolamento devido à pandemia, eu estou tendo. Estou em estado de graça de ser capaz de fazer tudo.

FCB: O Gaiarsa te ajudou nesse caminho, nessa busca de autonomia?

RF: Comecei a antenar o Gaiarsa em 1966, 1967. Ele passou a aparecer em programas de entrevistas ao vivo. A televisão cresceu muito com os festivais de música, com a Tropicália, com a Record e tudo aquilo. Me apaixonei absolutamente pelo discurso dele, pela figura dele – lembro que ele tinha braços, e eu achava lindos aqueles braços [risos].

FCB: Ele era bonitão quando era mais jovem?

RF: Era muito bonitão. Então comecei a acompanhá-lo sempre que tinha uma entrevista. Meu casamento já não estava mais aguentando aquela coreografia conjugalista que todo mundo vivia – a esquerda inteira. A gente não aguentava mais, já estava aparecendo aquela libertação, e quem foi na frente foi o meu marido. Psicólogos começaram a ficar mais sabidos, a acompanhar as pessoas nas empresas, e esse meu marido era muito mal adaptado na empresa americana em que ele trabalhava. Então eles contrataram uns consultores que, por acaso, eram esses psicanalistas que já faziam uma interface com o mundo do Gaiarsa, com o comportamento, a vida das pessoas. E ele começou a frequentar esse pedaço. Havia alguns psicodramatistas e psicólogos que já estavam começando escolas interessantes – como o Vera Cruz –, escolas que já tinham um aspecto construtivista, nas quais rapidamente colocamos as crianças de 2 anos. Era todo um clima de PUC, de Perdizes, de Gaiarsa que aparecia na PUC para falar, de [Paulo] Gaudêncio... Meu marido, chegando lá, encontrou pessoas da Editora Abril, esses católicos de esquerda, que foi o primeiro ambiente do Gaiarsa.

FCB: O Gaiarsa dizia que tinha uma boa relação com Jesus. Ele era católico, de formação italiana católica muito forte, e passou a vida inteira dialogando...

RF: Brigando com essa formação. Sei dessa formação católica por causa da família do André [sobrinho do Gaiarsa]. Católicos de uma rigidez total. O Gaiarsa se rebelou e sempre teve essa pegada, essa briga. Ele ficava brigando com esses fantasmas [risos]. Mas, na hora em que ele apareceu, foi muito oportuno isso.

FCB: E como você foi parar nos grupos dele?

RF: Foi isso, o meu marido foi na frente e eu fui logo depois. Eu desejei também, claro. Procurei-o, fiz uma entrevista e comecei.

FCB: E como eram esses grupos? Quando eu o conheci ele já não os tinha mais, eram outros tempos – anos 1990.

RF: Quando conheci o Gaiarsa, ele tinha um grupo com quase 30 pessoas. Nesse grupo havia muita gente da Editora Abril, pois na época era um lugar com diversos intelectuais, pessoas que vinham sobretudo das ciências sociais, da filosofia, das [áreas de] humanas. Essas pessoas eram atraídas pelo

Gaiarsa porque elas não caberiam na Sociedade Brasileira de Psicanálise. Eram altamente politizadas, algumas da clandestinidade, que passavam pelo grupo e sumiam de novo; tinha aqueles pacientes clássicos do Gaiarsa, doentes de caretice, com aquele conservadorismo atroz... Professores da USP [Universidade de São Paulo], da GV [Fundação Getulio Vargas], tinha publicitário, tinha gente das artes, da dança... Era uma elite que não estava diretamente aplicada na luta armada, mas era claramente de esquerda, gente que despontava para outras coisas, que conseguia sobreviver naquela ditadura opressiva.

FCB: Era uma gente da crítica dos costumes?

RF: Era uma gente da crítica dos costumes. Tinha um sentido de liberdade de contato, de pegar, de sentimento, de emoção. Pessoas saíam do grupo e iam transar. Existia esse tipo de coisa muito boa, sem drama, sem culpa, sem exagero. Era um negócio interessante que o Gaiarsa estimulava. E era interessante porque era naquele lugar da avenida Ipiranga com a São João. Era na avenida Ipiranga o consultório dele. Tinha o negócio de as pessoas saírem e irem para o boteco dali. As sessões do grupo eram longuíssimas, então a gente conversava, contava sonhos. Os argentinos já tinham desenvolvido uma formação de psicodrama entre eles e começado a exportar para o Brasil. Em 1970, houve o famoso congresso de psicodrama no Masp [Museu de Arte de São Paulo], e o Gaiarsa havia feito uma formação com um psicodramatista conhecido.

FCB: O Moreno?

RF: Não, o Moreno formou essa gente toda, mas tinha uns argentinos que começaram a dar formação e o Gaiarsa fez. A própria Regina Chnaiderman, que depois foi minha analista quando voltei da Inglaterra, tinha feito um curso de psicodrama com o Gaiarsa e essas pessoas. Todos esses caras eram militantes. O Gaiarsa nunca se ajeitou com a militância. Ele os recebia, mas nunca foi militante. Era um cara libertário à maneira dele. E não queria saber de se submeter a ninguém. Nesses grupos, as pessoas foram crescendo numa experimentação do corpo, nas dramatizações que aconteciam nas relações – você imagina a quantidade de situações de angústia que surgiam naquele tempo.

FCB: Imagino. Se agora a gente já está vivendo uma angústia, com esse neofascismo surpreendente, imagine naquele tempo, com a ditadura à beira.

RF: A gente desejava se libertar, mas tinha medo de fazer as coisas; os conflitos familiares eram extremamente agudos. Os casamentos eram muito mais apegados, os de hoje são bem mais líquidos, não têm essa força toda que tinham antes. A discussão do casamento era uma coisa forte.

FCB: Nessa parte ele entrou bastante...

RF: Ele entrou bastante nessa questão e tudo isso existia nos grupos. As pessoas que estavam ali tinham um pacto muito forte. Existia uma irmandade: a gente estava começando a se mudar para outro território que não era o das famílias, de onde a gente vinha, estava se desterritorializando lentamente como classe média. Estávamos inventando um modo de se comportar, de se relacionar, de desejar no sentido deleuziano, num modo de desejo que estava embrionário. Então aquilo juntava demais a gente. Nesse tempo meu casamento dançou. E então eu mudei de mundo completamente. Saí do mundo familiar e entrei nesse mundo da USP, dos judeus, dos amigos dos militantes, que eram pessoas que eu conhecia mais de longe, um mundo da Anna Veronica [Mautner]...

FCB: Você chegou a conhecer uma sala que ele tinha com aparelhos de movimento, de equilíbrio, de balanço?

RF: Não, isso já nem era mais do meu tempo. No meu tempo era um grande salão. Depois eu me lembro de ter voltado lá e ele já estava montando esses negócios. Conheci melhor essas coisas porque fiquei esse tempo lá. Participei depois por muito tempo de um grupo de psicodrama com o Pedro Paulo Uzeda Moreira, fui do grupo do Vladimir Herzog.

FCB: Você viu a história do lado.

RF: É, vi diretamente. Eu estava casada com o Wiktor [Wajntal], que conheci assim que me separei e era amigo da Anna Veronica, um físico, professor da USP, que também estava separado. Fomos juntos para a Inglaterra. Fui atrás das coisas neorreichianas que estavam despontando lá e ele foi fazer um pós-doutorado na Universidade de Londres com o famoso cara da mecânica quântica, David Bohm. Fomos e nos separamos logo. Nesse meio-tempo, o pessoal da revista *Bondinho* se radicalizou, e o Gaiarsa estava nesse pedaço. O Gaiarsa e o Zé Celso eram as figuras. O Roberto Freire ainda não tinha acontecido, ainda era um médico psicanalista, jornalista. Ele ainda não tinha pegado esse caminho.

FCB: Curioso você ter aproximado Gaiarsa e Zé Celso...

RF: Eram figuras anarquistas, agitadores culturais. Quando o Gaiarsa foi se radicalizando, o Caetano e o Gil já tinham sido presos, ido para Londres, e o movimento contracultural estava forte no Brasil. A questão da droga, do sexo, do rock, em todas essas coisas a gente já estava mandando brasa. E o Gaiarsa, muito animado. Cheguei a tomar um ácido com o Gaiarsa. Ele segurando a onda em termos de experimentação, como aqueles psiquiatras da antipsiquiatria. Ele também tinha uma pegada forte da antipsiquiatria.

FCB: Lembrei-me do Timothy Leary e das pesquisas com psilocibina e LSD para pensar como poderiam ajudar como remédios...

RF: O contato do psicodrama argentino com o psicodrama brasileiro também criou esse clima, trazendo esse contexto da antipsiquiatria. O Gaiarsa pegou essa onda.

FCB: Quando eu o conheci – bem depois disso, nos anos 1990 –, ele tinha um hábito diário: todo dia, em torno das 18h, ele colocava uma roupa confortável, fumava um beque de maconha, colocava uma música de que ele gostava – na época, era Enya, Pink Floyd – e fazia o que ele chamava de meditação. Era uma coisa regrada, disciplinada, um experimento que ele fazia com o corpo e com o estado alterado de consciência que aquilo propiciava. Depois parou.

RF: Eu também fiz muito isso, fumar e sentar em posição zazen para meditar... O zen foi muito forte para mim. Então o Gaiarsa foi ficando meio para trás. Quando passei a desejar ir a Londres, fui conversar com o Gaiarsa para saber se ele sabia de coisas de lá pelas pessoas que passavam por ele. Ele me deu várias dicas de pessoas que ele conhecia, que tinham ido, que conheciam centros onde a coisa reichiana rolava. A gente não falava quase da coisa reichiana. O Gaiarsa tinha lido Reich, mas era uma inspiração. O Reich para ele não era um estudo.

FCB: A maior inspiração para ele era o Jung. O Reich abriu muitas portas para esse olhar sobre o corpo, para intuições que ele teve quando foi estudante de Medicina, sobre a biomecânica do corpo humano.

RF: Isso você que sabe, eu não sei [risos].

FCB: Depois o Gaiarsa foi para a TV e virou uma figura pop. Nos anos 1980, 1990...

RF: Isso foi engraçado. Porque, quando eu voltei, voltei de tal jeito que não conseguia sair na rua, de tão estranha que eu me sentia. O Brasil estava no auge do esvaziamento, a ditadura já tinha varrido o país. O Brasil estava ressecado, esvaziado, a cultura brasileira estava numa pobreza, as pessoas estavam rasas, era uma coisa horrorosa. Eu tinha medo. Um dia criei coragem e fui ao Gaiarsa. Ele me recebeu de braços abertos, porque eu estava trazendo uma coisa inteiramente diferente daquilo que ele fazia. A mim interessava o pensamento reichiano que se cultivava em Londres, o pensamento do sistema nervoso autônomo, das ondas de excitação, da curva orgástica. O Gaiarsa era uma pessoa da postura, das posições.

FCB: Ele era interessado na *performance*.

RF: Na *performance*. O que me interessava era o vegetativo.

FCB: Aí ele te recebeu para você contribuir ali?

RF: Contribuí no pedaço. Imediatamente ele me abriu um espaço. Comecei a trabalhar lá. Nesse tempo eu era uma *hippie* absolutamente convicta. Tinha radicalizado e aberto mão de absolutamente tudo para começar outra vida, porque eu não acreditava mais naqueles valores burgueses. Eu tinha três vestidinhos pendurados em um prego, um casacão peruano, uma bolsa peruana... Pronto! Ia com um vestidão pelo pé e atendia as pessoas com exercícios de bioenergética e massagens biodinâmicas, extraindo sentidos daquela experiência como eu podia e sabia. Comecei daí uma vida de terapeuta corporal com o Gaiarsa.

FCB: Isso era na clínica dele?

RF: Na clínica. Havia os grupos de supervisão. Os grupos de terapia já tinham outra cara. Era a turma da casa, nós, e a turma de fora, pacientes. Muita gente jovem da PUC nessa época, gente que tinha passado pelo [Pethö] Sandor, que queria alguma coisa mais radical com o Gaiarsa. E tinha gente do psicodrama, que também queria coisas mais radicais com ele.

FCB: Então ele era a opção radical?

RF: Ele era a opção radical na época. Tanto para os corporais junguianos do Sandor quanto para os do psicodrama, que queriam o corpo mais definidamente.

FCB: Ele era a opção de desconstrução.

RF: Era uma opção de desconstrução de comportamento. O Gaiarsa tinha aquela grande competência de analisar comportamentos e desconstruí-los. Quando voltei, eu imediatamente aderi à psicanálise, porque não conseguia dar conta da minha vida. Imagine: voltar e pegar as duas filhas... Assim que cheguei – no começo da minha vida profissional –, eu tinha esses parcos recursos, estava começando a fazer análise com a Regina – ela era uma analista diferente, por ser comunista.

FCB: Qual Regina?

RF: Regina Chnaiderman, uma psicanalista radicalíssima, comunista. Tinha um filho na clandestinidade, era uma pessoa muito aberta para o corpo, para mil coisas. Eu já me sentia mais segura de começar a entender alguma coisa. E então o Gaiarsa recebeu esse convite para trabalhar na televisão. Aí ele pegou os pacientes dele e dividiu a clínica – deu um pouco para mim, um pouco para o Fábio [Landa], um pouco para o André [Gaiarsa] e um pouco para o Flávio [Gaiarsa]. Todos médicos e eu.

FCB: E ficou só com a televisão?

RF: Ficou só com a televisão. Disse: "Não quero mais, chega!" [risos]

FCB: Mas ele foi um combustível, um motor da coisa.

RF: Muito mais do que combustível. Ele foi um pai lá, deixou uma herança para a gente. Ficamos com a marca dele para sempre. Mas era impossível aderir a ele. Primeiro, por aquilo que eu falei: ele era inimigo dos estrangeiros, inimigo visceral da psicanálise... A psicanálise mudou muito nesses anos. Os psicanalistas não eram só os da Sociedade – tinha muito psicanalista independente que fazia a interface com o psicodrama, que recebia gente da clandestinidade, que tratava de gente fodida, de pessoas fora do mundo, como eu quando a Regina me recebeu. Fiquei dez anos no divã da Regina, três a quatro vezes por semana. Eu vivia para pagar a Regina e a escola das minhas filhas.

FCB: Você também teve a sua Regina.

RF: Eu tive a minha.

FCB: Você foi a minha Regina [risos].

RF: Fui sua Regina porque tive a minha [risos]. Eu queria cultivar aquilo que tinha aprendido fora, por ser o trabalho com o vegetativo. A psicanálise me ajudava a compreender aquilo que acontecia na cena clínica, na medida em que eu criava aquela presença de corpo. Você me conhece, sou de pouco exercício, mas de muita presença corporal e muita intervenção na presença corporal com os pacientes.

FCB: O Gaiarsa queria entender o corpo que performa e as condições da *performance*, mas os livros sobre isso são pouco aproveitados nas escolas ou nos ambientes de formação neorreichiana.

RF: Zero aproveitados. Ao contrário, rejeitados. É o que eu sempre lhe digo, você deveria fazer isso, você é a única pessoa capaz de fazer isso. Você é a única pessoa capaz de fazer grupos de estudos com o material do Gaiarsa profundamente. Digo que é você, eu sempre te disse, não é nenhuma novidade.

FCB: Que importância o legado do Gaiarsa tem para este momento neofascista mundial que estamos vivendo?

RF: Assim como a Tropicália foi engolida pela ditadura e hoje se vê resgatada, temos de redescobrir e valorizar o Gaiarsa e aquele Zé Celso – o Zé Celso fez "O rei da vela" de novo. O Gaiarsa é a clínica daquela peça. O que me levou para o Gaiarsa foi o que vi em "O rei da vela" sendo montado. Porque eu conhecia a Dulce Maia e as pessoas que estiveram envolvidas na sua produção.

FCB: E o Gaiarsa estava próximo da elaboração disso na vida das pessoas...

RF: Aquele tipo de crítica da antropofagia, aquele tipo de crítica do Oswald de Andrade. O melhor do Gaiarsa era o que se aproximava do Oswald de Andrade de "O rei da vela" em 1967.

FCB: Anos depois, quando fiz o doutorado, aproximei o Gaiarsa do Oswald de Andrade.

RF: Pois é, é o melhor do Gaiarsa. É o que tem de ser ressuscitado. Estou falando e vendo a sala dele, vendo ele, as pessoas, a sala de espera, vendo entrar por aquela porta... Estou vendo. Estou viajando ali.

FCB: Estou vendo que você está emocionada...

RF: Estou muito emocionada. Esse é o momento. E é esse momento do Brasil que tem de ser retomado. Dá muita raiva. O contato com essa cultura anglo-saxônica, como Caetano e Gil tiveram indo para Londres – e que nós, àquela altura, tivemos com John Lennon, com Rolling Stones, foi um momento terrível do Brasil. Foi em 1972, no pior momento da ditadura, no mais fodido. Vejo como essa profunda influência, que foi altamente libertadora, se tornou depois a coisa colonizadora. Em Londres não existia nenhuma escola, ninguém era dono de nada.

FCB: Eram experimentações...

RF: Experimentações maravilhosas, de pessoas, convívio. Fiz terapia na cama da Gerda Boyesen. Ela me atendeu na cama dela.

FCB: Aquilo virou uma escola que dá um selo internacional chiquérrimo.

RF: Aí gente caretíssima, impunemente, sem mudar uma vírgula da própria vida, compra aquela marca. Isso virou uma coisa de consumo. Nesse momento acontece, também, a entrada do neoliberalismo. A partir de 1970, o capitalismo mudou e virou neoliberal, com estratégias neoliberais globais. Os bancos começam a apertar o planeta e acelerar uma concentração do capital cada vez maior, que a gente está vendo agora. E que coincidiu com esse coronavírus, que não é nenhuma coincidência – porque um planeta podre desse jeito não consegue controlar um vírus. Eles conseguiram apodrecer o planeta com mineração, desmatamento, poluição, plástico, com a puta que o pariu, com petróleo, com o escambau...

FCB: O Reich, no livro *O assassinato de Cristo* – que acho que é o livro mais filosófico, o menos médico...

RF: E tem também a coisa do fascismo.

FCB: Isso, e o *Psicologia de massas do fascismo*, que é um livro sociológico.

RF: Acho que é o mais filosófico.

FCB: Acho que o mais sociológico é o *Psicologia de massas do fascismo* e o mais filosófico é *O assassinato de Cristo*, porque vai discutir a questão da verdade, da concepção, da ética. Nesse livro, Wilhelm Reich diz, lamentando-se, que aquilo que ele estava propondo seria apropriado e se transformaria em técnicas que seriam vendidas por um preço muito alto e oferecidas para indivíduos dentro de consultórios muito chiques.

RF: Sim, e que toda noção do social estaria completamente perdida dentro do individualismo neoliberal. Pacotes para melhorar a vida individual, numa classe média cada vez mais diminuta, uma elite. A crítica da elite e da ralé é muito pertinente no Brasil. Guattari aponta isso quando escreve *As três ecologias* e mostra claramente como o capitalismo foi modelando e homogeneizando o desejo no planeta inteiro, e "limando" – ele usa essa palavra – as diferenças. O que essas grandes escolas que se exportam produzem é uma coomoditização do corpo. O corpo vira *commodity*, uma coisa homogeneizada. Assim como as grifes. É a moda que homogeneíza tudo, todos os produtos, todas as coisas que têm uma marca. Viraram uma marca que modeliza corpos, estilos de vida, desejos, modos de morar, viajar, modos de tudo. Modos de se comportar, linguagem – existe uma americanização universal da linguagem que não é só a linguagem de negócios, é a linguagem emocional, que já era dada pelo cinema. Tem uma continuidade do cinema na estética dessas escolas. O cinema dos anos 1950.

FCB: Depois que eu terminei aquele curso de formação neorreichiana, fui fazer teatro, meio que fugindo. Lembro que falei para o Gaiarsa e outras pessoas próximas que eu queria redescobrir meu modo de falar. Eu queria redescobrir meu modo criativo de usar a linguagem. O Gaiarsa nunca entrou nessa massificação da linguagem emocional.

RF: Não, mas é chato, porque o Gaiarsa não entrou também para digerir. Ele se protegeu da função antropofágica. As pessoas que eu conheço ficaram muito definidas identitariamente pelas escolas. São pessoas que fazem como lá, só que esse "como lá" não cabe aqui nem a pau, porque aquilo que serve para muita gente lá serve para uma minoria aqui que faz viagens de tipo turismo. É um estilo turismo que tem as formações aqui, enquanto lá é um estilo de vida que tem que ver com uma modernização em países muito conservadores.

FCB: Tanto que em 1968 houve os estudantes em Paris...

RF: Na Europa inteira. Fui casada com um europeu e sei como era a vida na Europa nessa época, nos anos 1960. Essa luta neorreichiana numa Europa de pós-guerra dos anos 1960 era altamente justificável. O que modernizou corpos, porque eram corpos de tanto conservadorismo, tão engordurados, tão brancos, tão retorcidos por uma disciplina tradicional europeia... Conheci corpos e corpos que eram monstruosos de opressão conservadora. E me imagine, eu era um bicho da floresta.

FCB: Era a índia brasileira que baixou lá.

RF: Eu era um bicho. Não era nem índia. Deixei os pelos todos crescerem, da perna, do sovaco... Eu era um bicho do passado.

FCB: Você virou uma feminista do sovaco cabeludo, como dizem os neofascistas [risos].

RF: Nossa, Deus me livre daquela época! [risos] Uma canela cabeludíssima, pentelho por todo lado [risos].

FCB: Era uma conquista por liberdade aos gritos.
RF: Sim, era um escândalo.
FCB: Um acesso de ruptura, uma contestação estética também, né? Chamando a atenção e gritando.
RF: Mas então, no Brasil, como era isso? Turismo. Então fica bacana falar, fica bacana ir, fica bacana comprar roupa aonde vai, comprar perfume aonde vai, comprar os livros aonde vai, falar aquelas palavras, imitar, usar sandálias Birkenstock... Essas coisas todas funcionando como moda.
FCB: Uma moda massificadora.
RF: Massificadora e que certas pessoas revendem. Os caras que têm essas escolas são revendedores de estilos de vida.
FCB: É como se fosse o McDonald's...
RF: McDonald's de comportamento, que estuda certa teoria – não é teoria, são fórmulas. Fala aquela língua... Não tem noção de que isso está dentro da história. São verdades sem uma epistemologia, sem uma crítica histórica, nada disso.
FCB: Tudo individualizado.
RF: Tudo individualizado.
FCB: O Gaiarsa nunca quis fazer escola, ele nunca criou um produto para revenda.
RF: Nunca. Jamais.
FCB: E ele falava isso claramente.
RF: Ele não soube configurar melhor a posição dele.
FCB: Isso é uma coisa. Outra coisa é: ele nunca soube criar um produto para revenda. Ele não tinha essa lógica.
RF: O corpo no Brasil foi colonizado pelo neoliberalismo presente nas formações neorreichianas. E o Gaiarsa foi esmagado por isso. Eu não fui, luto bravamente, mas perdi terreno, evidentemente perdi terreno.

FCB: O Gaiarsa, sim.

RF: O Gaiarsa, sim, completamente. Eu perdi algum terreno, mas continuo firme e forte aqui, bela e faceira.

FCB: No final ele também desencanou um pouco, porque, como ele gostou de fazer televisão, publicar livros e trabalhar com palestras, acabou trilhando outro caminho.

RF: É, ele fez outro caminho, que foi de influenciador cultural. E fez muito bem. Ele se transportou para esse lugar e acho que esse é o melhor lugar dele, o que tem essa característica dos médicos filósofos.

2.
Sobre meu pai

NADEESH GAIARSA (PAULO MARTINS GAIARSA)[*]

José Angelo Gaiarsa foi um homem do século XX – início de profundas transformações no comportamento de crianças, jovens, mulheres, homens e idosos. No modo de pensar e agir nas relações consigo mesmo, com os outros, com a realidade. Foi um homem inteligente, curioso e inquieto. Sempre disposto a ir além das restrições do "normal".

INFÂNCIA DO JOSÉ

Pais religiosos, com seis filhos. José era o menino mais novo. Passou a infância brincando num grande quintal-pomar, com pedras e galhos, curioso com as formigas e muito impressionado com esculturas, vitrais e figuras da Igreja Católica. Na época dele só existia a imprensa escrita. As figuras começaram a ser impressas depois. Ele colecionava essas figuras.

---

[*] Psicólogo e terapeuta corporal.

Colecionou os belos desenhos do Flash Gordon, publicados semanalmente no jornal. Teve um professor de português que colocava todo mundo para escrever, o tempo todo, para depois corrigir. Textos de reflexão.

Quando saiu da infância, fazia viagens semanais de São Bernardo a São Paulo para cumprir a obrigatoriedade do serviço militar, tiro de guerra. Durante essas viagens, escrevia em diários reflexões sobre a vida.

É curioso ver a época, pós-Primeira Guerra Mundial. As viagens eram feitas de trem. Os carros que existiam não eram utilizados para grandes trajetos. Não havia viagens de avião, nem televisão, nem figuras coloridas. Todas as casas tinham um banheiro só. A música era ao vivo. O rádio estava no início.

Para ser alguém na vida, você podia ser médico, engenheiro ou advogado. José Angelo Gaiarsa decidiu ser médico, pois adorava ver figuras humanas e como elas interagiam entre si.

FAMÍLIA

No fim da faculdade de Medicina, José Angelo se casou com outra médica, minha mãe. Os dois trabalhavam fora para sustentar a casa. Tiveram quatro filhos e continuaram a ir à missa todo domingo até o terceiro filho – eu – ter por volta de 6 anos. Foi um pai presente, habilidoso. Tínhamos todas as ferramentas em casa. As atividades manuais eram diárias. Construir, parafusar, pintar, cortar. Meus irmãos e eu aprendemos a cozinhar, lavar e fazer pequenos consertos na casa. Todos faziam alguma coisa além de estudar.

Meu pai continuou sendo um caçador incansável de livros ilustrados, figuras, brinquedos de montar. Meu universo de vida foi pleno de estímulos visuais e sonoros. As conversas e figuras sobre veleiros, aviões, carros e invenções tecnológicas faziam parte do dia a dia. Quando trocávamos de carro, todos participávamos das conversas sobre qual seria melhor. Ele foi precursor dos treinamentos físicos. Todos os dias eu o escutava correndo e respirando fortemente no corredor do andar de cima da casa. Nunca houve violência em casa. Quando muito, uma fala ou um olhar mais firme. Meu pai e minha mãe se davam muito bem, como se cada um não pudesse se transformar no que se transformou sem o outro. Meu pai, religioso de fundo, e minha mãe, muito espontânea. Os dois pesquisavam e trabalhavam com muita dedicação. O trabalho era mais importante que o salário. A relação com os outros profissionais era intensa, viva e amigável.

Quando meus irmãos e eu crescemos, José Angelo Gaiarsa já tinha conhecido Carl Gustav Jung e seus arquétipos, a psiquiatria mais profunda que o levou a ir além da Igreja. A vida profissional se tornou mais motivadora e intensa. Já não ia mais à missa. Agora pesquisava a religiosidade humana. Foi um momento em que ele foi além da família. Seu trabalho e sua pesquisa científica eram muito mais interessantes. Os filhos já estavam crescidos quando minha mãe e ele se separaram. Melhor para os dois. Ela continuou sendo uma boa médica, e ele, um bom pesquisador científico, ambos com a vida profissional deslanchada e os filhos encaminhados.

Quando Gaiarsa conheceu Wilhelm Reich, ficou fascinado. A bioenergia, as pulsações orgânicas, a autorregulação lhe abriram figuras infindáveis sobre a relação entre o corpo e a psique humana. Ele podia ser psiquiatra e investigar a psique humana ou podia ser médico e continuar investigando o corpo humano. A psicossomática é uma das bases de seu trabalho, talvez a mais importante. Com o tempo, ele foi além. Foi fundo na comunicação humana e em quanto o que se fala é diferente do que se vive.

PROFISSIONAL

É importante dizer que Gaiarsa foi um médico psiquiatra terapeuta. Na época, a psiquiatria não era tão medicamentosa como hoje. Para ele, a psiquiatria estava muito ligada ao corpo físico, à bioquímica e à anatomia. O estudo da neurologia, na segunda metade do século XX, teve um imenso avanço, mas Gaiarsa sempre gostou da relação corpo a corpo, da análise da expressão humana enquanto se relaciona. Quando comprou o consultório no oitavo andar da rua Araújo, atrás da Praça da República, em São Paulo, sua vida profissional deu um salto. Era um estúdio, um laboratório de estudo e pesquisa sobre o desenvolvimento da psique e do corpo humano. Quando adolescente, eu adorava passar lá nos fins de semana, quando ele não estava usando, para escrever. Ao abrir a porta, via bancos que juntos viravam um palco (psicodrama), engenhocas para treinar a percepção, um bom aparelho de som, gravadores de áudio e vídeo. As janelas eram de vidro duplo, acústicas, para o ruído dos carros não perturbar as atividades. Gaiarsa era auditivamente muito sensível. Gostava de absoluto silêncio para pensar melhor. O ruído perturbava a sua concentração, tanto que na época em que começou a escrever os livros ele comprou um barco que tinha cozinha e beliches para ficar ancorado e isolado no absoluto silêncio da natureza.

Gaiarsa era obcecado pelo olhar, por ver os detalhes de como é construída a impossibilidade da comunicação humana, a parte neurótica do ser humano (patologia/doença). Como cientista e pesquisador, ele se ocupou a vida toda com a melhor forma de dizer ou expressar sua visão. Escrever, para ele, foi um dilema, pois sua linguagem acadêmica e científica era rebuscada. Escrevia muitos artigos para revistas brasileiras, e com isso sua linguagem foi se simplificando. Ele gostava de usar uma linguagem simples e continuou assim quando inovou na rádio e na televisão. Era um psiquiatra de fala simples, que as pessoas entendiam. Durante anos ele conversou diariamente, às 10 da manhã, com as donas de casa e mulheres brasileiras pela TV Bandeirantes. Suas palestras despertavam a curiosidade e a atenção das pessoas. Movia-se o tempo todo, gesticulando e usando expressões faciais, fazendo questão de usar roupa comum e boné.

Quando trabalhávamos juntos na clínica Convívio, na Vila Madalena, em São Paulo, as invenções do Gaiarsa eram incríveis. A clínica tinha um salão grande, com chão de tatames, para inventarmos o que fazer com o corpo na relação consigo mesmo e com o outro.

No grupo Sem Palavras, pelo menos três terapeutas e os clientes da clínica se reuniam durante duas horas ou mais para acontecer o que fosse. Não podíamos falar e até os terapeutas às vezes viviam experiências profundas. Terapeutas também têm raiva e choram. A expressão das emoções era totalmente liberada, e a indução era feita só por música e pela movimentação inicial dos profissionais. Era para sair da normalidade da fala e da conversa.

Noutro momento, ele marcou com vários clientes e terapeutas na mesma hora, para que se escolhessem. Todos tinham procurado por ele, mas ele não tinha tempo para atender a todos, e queria entender mais sobre a empatia entre paciente e terapeuta. Polêmico.

É importante lembrar que o Gaiarsa fez a primeira pesquisa sobre sexualidade no Brasil, publicada no livro *A juventude diante do sexo* (1967). A partir desse livro, sua obra começou a se construir, tanto em temas como em linguagem de fácil compreensão.

O LEGADO

A vida não é para ser explicada. A vida é para ser vivida.

A expressão verbal é insuficiente para compreender o que acontece com os seres humanos, seja na sua imaginação, seja nos seus comportamentos. Gaiarsa dizia que a matança dos inocentes, antes do nascimento de Cristo, no Novo Testamento, é o que se faz com a criança humana. Matam-se sua curiosidade, sua vivacidade, sua destreza corporal e tira-se dela a possibilidade do controle da própria vida, para viver outra: "o que tenho de ser para os outros". Deixo de ser minha própria luz para viver a sombra do outro. Toda terapia tem que ver com sair do congelamento, da inibição, da respiração contida e retomar a vitalidade infantil.

Gaiarsa não tinha medo de pensar. Como homem do século XX, foi um dos arautos, no Brasil, de todas as transformações coletivas vividas a partir da Segunda Guerra

Mundial. Liberdade de expressão, liberdade do corpo, das carícias, da sexualidade, do orgasmo feminino, da paz e do amor. O que mais chamava a atenção no Gaiarsa era sua espontaneidade, franqueza e inquietude. Foi um ser humano curioso e excêntrico. Foi elaborando sua fala, seus tons de voz, seu olhar de maneira convincente, porque sabia do que estava falando.

Na última década de sua vida, éramos um para o outro assessores para assuntos extraordinários. O conhecimento neuropsicossomático dele e meu conhecimento sobre epistemologia genética (Jean Piaget), sobre o desenvolvimento saudável da inteligência humana, acrescentavam-se o tempo todo. Da minha prática de trabalho e da dele somávamos consciência "com ciência". À teoria dos traumas da psicanálise psicossomática somamos um maior conhecimento sobre o real desenvolvimento neurológico do ser humano. Vimos a criança humana em sua plenitude antes de ser arrasada pela sociedade. Conversamos sobre como a educação formal se tornou um blá-blá-blá sem fim. Quando as escolas de artes e ofícios foram desaparecendo, a criança humana deixou de fazer com as mãos, de se relacionar com as outras na realidade para apenas imaginar, lembrar e repetir. Deixamos de ter corpo físico e nos transformamos em realidades virtuais.

O que fica? Aprenda a ser inteligente. A sentir, viver e refletir sobre o que acontece. Nunca se esqueça de respirar. Dance mais. Ame mais a si e aos outros. Compreenda o que é o ser humano em sua magnitude pessoal e coletiva.

Meus filhos adoravam visitar o avô porque a casa dele era cheia de engenhocas, quadros, livros, pequenos brinquedos. Ali havia um avô que gostava de conversar – quando conversava. Gaiarsa adorava ficar em silêncio, pesquisando, anotando, assistindo, pensando e imaginando mil e uma coisas. A vida inteira foi apaixonado pelos grandes veleiros transoceânicos, os *clippers*, com mais de 40 velas (respirações), com uma grande tripulação, onde cada um tinha seu lugar numa equipe montada para fazer grandes viagens e enfrentar imensas tormentas. Todos treinados para ser precisos em seus comportamentos e atitudes nessa grande viagem que é a vida nesse navio planetário.

3.
Rua Araújo: clínica do dr. Gaiarsa

FÁBIO LANDA*

O leitor há de perdoar o autor por este texto de natureza indefinida. Aquele que pretende encontrar um estudo da obra de José Angelo Gaiarsa saltará este artigo e passará ao próximo; quem pretende encontrar um apanhado do personagem ou uma homenagem tampouco achará algo que o interesse.

Este artigo trata de arquivos. Uma das gavetas do arquivo etiquetado "Gaiarsa" é ampla e desordenada, com seus objetos estranhos. Preciosidades que só existem assim nas gavetas há muito guardadas meticulosamente e há tempos não manuseadas. Porém, presentes, estranhamente presentes – como bens que tratam de amarelar com o tempo e por isso mesmo obrigam um olhar que atravesse as cores e reencontre o material vivo.

Reencontrar o material vivo não é sem esforço. Obriga a um contrair, uma tensão peculiar para não se deixar enganar

---

* Médico, doutor pela Universidade de Paris 7 no Laboratório de Psicopatologia Fundamental e Psicanálise.

pela nostalgia ou pelas astúcias da memória que tratam de embalar o vivido exatamente para que este perca a vitalidade. Rua Araújo... Tanto tempo que parece ontem; a clínica do Gaiarsa, tal como os velhos médicos, da geração da qual ele fazia parte: remédio a gente dá quando experimentou em si. Para experimentar o remédio, precisa ter experimentado a doença. Era a lei (duvido que tenha sido alterada por alguma manobra ilusionista cheia de estatísticas e palavras que tentam mostrar a pretensa erudição científica ou cultural do mágico).

Demorou pouco mais que 15 minutos para que eu conhecesse o mundo em que acabara de adentrar. Depois de um relato mais ou menos preciso, quase uma prece, o diagnóstico não menos preciso e o anúncio da terapêutica: "Não simpatizo muito com gente ciumenta". A terapêutica seria um longo processo que começara naquele momento. O portal havia sido cruzado.

Alguns meses antes, numa madrugada vendo TV, deparei com uma entrevista com um senhor estranho, voz meio esganiçada, sorriso sempre presente. O entrevistador – creio, Silveira Sampaio –, não menos sorridente, lança ao público: "O dr. Gaiarsa acabou de nos dizer que vivemos duros, num mundo enrijecido, e que precisamos aprender a nos tocar para sair da nossa miséria". Mais ou menos isso. Público engravatado; vestidos longos cinzentos ou floridos manifestam-se antipaticamente. O dr. Gaiarsa, sem perder o sorriso nem pedir licença ao entrevistador, levanta-se e, diante das carrancas e de alguns quase gritos, explica. Duvido que tenham entendido, mas por outro lado eu entendi muito bem. Guardei a cena daquele homem em pé diante de uma multidão quase vociferante. Passados alguns meses, cheguei à rua Araújo para ouvir a frase que marcava o pórtico. A frase tinha algo de instigante. Questão sem resposta de sim ou não. Como responder "sim" e "não" no mesmo instante. "Sim": renúncia à simpatia do interlocutor. "Não": mente para um interlocutor que já mostrara não ser um idiota. Alguns dias depois, encontro na sala de espera uma moça que acabara de sair. Pergunta: "E o que ele te disse?" Resposta cheia de perplexidade: "Ele me disse: 'Você tem uma boquinha vagabunda'". Reconheci nela a mesma inquietação, "sim" e "não" no mesmo instante.

As ruas, por motivos diferentes, parecem se comportar da mesma maneira em 1967 ou 1968 e 2020. Ir à rua Araújo. Olhar para trás, desconfiar de quem está ao lado, um desfile de carrancas e carrancudos falando e gente fazendo de conta que escuta, as ruas escuras e vazias – como nos tempos que correm –, por vezes uma sirene ao longe para completar, com uma sonografia inquietante. As ruas parecem sempre molhadas, os postes não iluminam, os passos ao longe parecem aproximar-se ameaçadoramente. O edifício lúgubre, apenas uma luzinha num dos andares vista da calçada. O elevador com cheiro de cigarro, o zelador ainda a postos, chegar ao andar do prédio silencioso. As noites eram assim, vazias. Daí o contraste fica caricatural; dentro da sala de espera, gente se cruzando, rindo, um clima de erotismo malicioso onipresente. Um grupo sai, cruza com o que entra. É hora de sofrer, discutir, xingar um pouco, olhos marejados se cruzam com olhares ansiosos e sorrisos meio bobos. Tudo menos indiferença. Os que saíam tinham sido tocados, os que entravam apreensivos ou esperançosos iam ser tocados. Naquela clínica do Gaiarsa, não tinha muito ponto morto ou conversa de "vamos começar a conversar para discutir do que vamos conversar". A conversa seguia o fio da última reunião que não terminara durante a semana e esperava a de agora para continuar. Sempre se passava alguma coisa séria sem nenhuma aparência de seriedade, por isso era sério.

Os fios da vida repentinamente encontravam uma esquina, uma mudança de direção inesperada. O resultado tinha de esperar décadas de digestão. O estudante de Medicina alguns dias antes tinha visto o Gaiarsa a sós. Este responde a um pedido apenas insinuado: "Dois livros que me fizeram bem: os *Tipos psicológicos*, do Jung, e *A função do orgasmo*, do Reich". O primeiro ficou virgem a partir da página 10, o do Reich virou ponte incessantemente cruzada entre duas margens. O estudante chega à sessão de grupo com uma colega do mesmo bairro da periferia, ela também estudante, e ambos, pelo caminho, antes e depois das sessões, animados pela tarefa de decifração do que ele quis dizer. Uma noite, fazem o caminho até o ônibus e, um estimulando o outro, resolvem voltar um bom tempo depois do final da sessão para, finalmente armados de toda ousadia de que podiam dispor, perguntar. Batem à porta, o Gaiarsa surpreso diz para entrarem, parecia satisfeito com a presença deles fora de hora, fora de contexto, fora do esperado. Um fio de convergência e cumplicidade se estabelecera: o inesperado. Era a vez de o Gaiarsa, ao final desse reencontro, responder na mesma moeda: "Que é que vocês vão fazer esse fim de semana?" Claro que ninguém tinha nada programado e pagavam para ver. "Então vamos passar o fim de semana no barco."

O fim de semana no barco – antigo barco de pescador, pesadão, lento – teria tudo, visto de longe, para ser uma sangrenta tragédia. Não foi, no sentido comum do termo. Foi uma tragédia como queriam os gregos: algo que entra na vida e não tem volta; uma porta se fecha e se sela, a direção é só uma; a partir da porta selada, quer se fique grudado nela ou se prossiga para longe, jamais se passa duas vezes, assim como o nascimento, a morte.

Esse evento, em sentido próprio, não foi único, tampouco uma série de eventos. Era a clínica que se poderia amar ou abominar. Amor e abominação essa clínica conheceu, talvez um pouco mais de um do que de outra (ou seria o contrário?).

O aprendizado da incerteza, do desconhecimento, do risco – um dos objetos guardados na gaveta que ficou como um pacotinho bizarro no fundo dela –, porém sua natureza é a de um ato fundador. Evidentemente, para o autor deste texto, também um ato fundador numa época de cinza-marasmo (talvez não ausente nos dias que correm): a escassez desesperante de um momento de encontro e o sentimento especial duradouro quando ele ocorre.

O cinza-marasmo, naquela época como agora, era a cor possível de ser mostrada para olhos cegos de uma pseudoingenuidade, de uma candura cretina. A cor que teimava em aparecer e por vezes aparecia, como agora, era um misto de terror e sangue com seus odores característicos, o que daria uma cor fora do espectro, que os olhos não captam, mas todos os outros pelos do corpo não se enganam. A química, como talvez jamais antes, passou a fazer parte do cotidiano dos espíritos, o terror de todas as origens e matizes chegara para ficar. O embrutecimento dos sentimentos assumia a frente da cena, os conflitos familiares se configuravam em rupturas existenciais. Philip Roth, em *Pastoral americana*, contou como a filha e o pai só puderam se reencontrar na ausência, quando este morreu e a encontrou no território dos mortos, que ela, havia anos, percorria viva e morta, para seu espanto. Eram os anos 1970. Eram "bolas", diria pertinentemente Gaiarsa numa de suas expressões típicas. Pouco tempo transcorreu depois do fim de semana no barco. Ao final de um dos encontros a sós entre o estudante e Gaiarsa, uma nova guinada inesperada. Tratava-se de um projeto que avançava: emigrar proximamente ao final da faculdade. Pergunta saída de parte nenhuma e dirigida quase ao ar: "Não te interessa experimentar praticar um pouco enquanto não embarca?" Ainda sem encontrar resposta, tão estapafúrdia lhe parecia a questão, a sequência não era menos exigente para retomar o equilíbrio depois de uma escorregada numa perdida casca de banana: "Tem um senhor que me procurou depois de uma tentativa séria de suicídio. Ele está internado e quer sair. Você não gostaria de ir vê-lo e ver o que você pode fazer?" A sutileza da formulação fazia perder de vista o caráter hipnótico; deixava um tempo de respiração e o sopro saiu balbuciando um "sim, claro" inequivocamente tinto de uma felicidade insuspeitada. A proposta acendera um anseio que poderia continuar intocado até virar um mineral.

O encontro com o senhor na clínica foi uma cena entre dois personagens vindos de duas galáxias distintas. O senhor trajava um pijama de seda, um roupão de veludo e um cinto cujo nó não tinha nada de fortuito. O estudante, com seu estetoscópio no pescoço e uniforme branco, estava evidentemente desconfortável na sua fantasia. Já tivera certa dificuldade de passar pela secretaria e encontrar o quarto e agora não tinha ideia de como começar uma conversação. O senhor, confortavelmente instalado num pequeno sofá, salva os dois de uma situação que parecia eterna. Ele pergunta se quer que conte o que aconteceu. Grato, o estudante aquiesce. O relato podia ser macabro, mas tinha certo humor certeiro: o ato havia sido cuidadosamente preparado – o homem pesquisara antes numas radiografias antigas onde estava o coração etc. Disparara quatro vezes. Diante da evidente incredulidade do estudante, levanta-se, pega sua mão e a leva até onde está alojado um dos projéteis. Rapidamente, a formulação: "Não tenho mais nada para fazer aqui e quero sair; você pode me fazer sair?" O estudante, estupefato, responde depois de uma longuíssima parada respiratória: "Sim, posso, com uma condição: você me garante que não vai mais tentar e virá ao meu consultório tal dia, tal hora, logo depois da sua saída". O senhor, por sua vez, atônito: "Sim, aceito". Parecia sincero, e o estudante estava convicto de que ele apareceria.

Reencontro com Gaiarsa. Antes que o estudante abra a boca, diz que o senhor havia ligado e se dizia agradecido de poder sair da clínica. Gaiarsa pergunta: "Você acha que ele vai aparecer?" O estudante responde, como se fosse uma evidência: "Claro". Gaiarsa, sério: "Eu também acho". O estudante esquecera um detalhe relativamente significativo: ele não tinha consultório. Habituado aos ambulatórios, parecia uma evidência ter um lugar. Gaiarsa diz que conversou com a colega da sala ao lado e ela se dispôs a emprestá-la nos horários vagos. Era uma sala de ginecologia, mas ia servir. Uma cumplicidade que não havia antes parecia ter se estabelecido entre os dois; Gaiarsa disse para fazer o que podia, e o estudante fez o que podia. A cumplicidade resistiu a múltiplas peripécias e perdurou mesmo após a separação. Nos termos do Gaiarsa, poder-se-ia dizer: é no movimento que se descobre algo que só existe no movimento, e o homem-estátua não vai conhecer nunca porque vai sempre tentar mumificar, classificar, como se os momentos fossem insetos numa coleção. O homem-estátua conhece os insetos presos por um alfinete e crê conhecer o inseto, mas não sabe nada. O inseto preso por um alfinete numa folha de cartolina não é o inseto. O homem-estátua não quer saber nada disso, continua achando que suas pranchas mumificadas são a fonte da sabedoria e se sente autorizado a inventar técnicas, métodos; ninguém há de sequer fazê-lo suspeitar que é um beócio.

Alguns longos dias depois, o senhor cruza a porta do consultório improvisado. Outro ato fundador: o estudante, sem saber que aprendeu, ficou sabendo que o contrato é o lugar nem de um, nem de outro, mas dos dois e mais um, da confiança que vive na vigência de um contrato cumprido e morre num contrato ignorado. O estudante tentou contar muitas vezes o desenrolar do enredo desse senhor até sua tentativa de suicídio. Gaiarsa talvez nunca tenha escutado. Um dia, quando o estudante não era mais estudante, ocorreu-lhe, não sem uma ponta de raiva e de simpatia, que talvez Gaiarsa não escutar apontava algo essencial. A história do senhor até a tentativa de suicídio era uma sucessão de traições, de contratos jogados no lixo. Ter um contrato, sentir que podia cumpri-lo e observar que alguém também o cumpria, mesmo cheio de riscos e perigos, o recolocava no mundo dos vivos e substituía o que fora morto pelos contratos rasgados. A história ficou outra história. Prestar atenção à história anterior era rebaixar ao nada a história que importava, a história do que sobrevivera e estava novamente estabelecido no território do contrato.

Gaiarsa contava inúmeras vezes o mesmo mote: um cara escorrega numa casca de banana, põe-se em pé e sai dizendo ufanisticamente: "Como eu sou bom". Sim, mas ele não conseguiria reproduzir nada do que o recolocou em equilíbrio. Ele não tem a mínima ideia do que fez nem de quem fez. Algo fez nele. Pode-se reproduzir o mote do Gaiarsa em múltiplas declinações. Perco um ente querido e vou fazer o trabalho de luto. Diria o Gaiarsa: pipocas. Na verdade, é o luto que trabalha. Tenho um sonho e vou trabalhar o sonho. Pipocas. Se eu não atrapalhar muito, o sonho vai me trabalhar. É o mesmo que visitar uma gaveta de arquivo. Quero mexer naquilo ou naquilo outro, mas os objetos da gaveta têm outra opinião e se apresentam. O arquivo trabalha. Dessa vez, uma frase solta, sem cronologia ou fazendo pouco caso da cronologia, a frase furtiva: "Você é o meu herdeiro renegado". Gaiarsa dirigindo-se ao estudante, meio solene e meio debochado, como sempre que ia dizer alguma coisa que importava. Uma adoção jamais é unilateral, é de mão dupla entre dois interlocutores irremediavelmente assimétricos. Como qualquer amor. Era a constatação de uma dupla adoção e, como qualquer adoção, cheia de promessas (boas e más) e de dependência (sempre custa caro). Era a grande arte do Gaiarsa. Constatar o que vive primordialmente no momento vivido no presente instantâneo.

Cada um do seu lado, obviamente movido por múltiplas forças peculiares de cada um, Gaiarsa e estudante se encontram num território comum. Um precisa transmitir, e o outro responde com um interesse e um apetite pantagruélicos. Depois da adoção, o estudante torna-se observador. "O que você acha de pilotar o vídeo tentando achar caras ou expressões que te parecerem significativas?" Depois da cumplicidade estabelecida e da adoção constatada, o acordo era tácito. O que permitia e promovia o movimento. E só depois de muito tempo algo insuspeitado se explicitaria.

Talvez a cronologia esteja completamente equivocada. O vídeo e uma das obras mais impressionantes do Gaiarsa aparecem. Depois de *A engrenagem e a flor*, *Respiração e angústia* e *A estátua e a bailarina*, aparece *Respiração e inspiração*. Eventualmente a mesma iniciativa. Captar o sopro. Já tinha sido tentado antes. Antes do último suspiro, o médico colocava uma máscara de cera no agonizante para registrar a alma que deixava o corpo. Inspiração e respiração ou a relação do olho que olha e tenta ver o que o pintor mostra numa única cena. Único detalhe: não é o olho que vê.

As leituras dos rascunhos de *Respiração e inspiração* até o texto final, o exame de reprodução de cada quadro analisado, as passagens que o autor efetuava e rediscutia prepararam o clima do que seria o apogeu da colaboração empenhada de um, encantada do outro. Gaiarsa parecia, como em tudo que empreendia na clínica, ter uma esperança sempre renovada de que teria encontrado a pedra filosofal. Havia certo clima de êxtase – o Gaiarsa há de perdoar –, de seriedade e de magia do que Freud descreve no jogo da criança; esta joga e, jogando, descobre algo essencial, urgente para sua existência; em algum momento dizia que o jogo infantil é o protomodelo de toda pesquisa científica. Talvez ele perdoe, já que a citação confirma o que dizia do herdeiro renegado.

Jogar com o vídeo tinha para ambos o caráter de brinquedo novo, caro, o medo de quebrar, de não saber usar. E não sabiam mesmo nem brincar, menos ainda ver no que dava. A ingenuidade dos primeiros propósitos – as pessoas vão ser surpreendidas de se ver, nunca mais poderão negar, já que está registrado etc. – desencadeou a confiança de um período que foi o apogeu da adoção. Todas as noites um ou dois grupos e todas as noites a pizza no bar em frente, até quase o fechamento. As pizzas terminavam com certa satisfação: a cumplicidade funcionava, e os trejeitos efêmeros que eram registrados e comentados pareciam confirmar o ínfimo que vai determinar o curso inexorável das sequências.

Uma velha piada dizia que, numa sala com dez cadeiras e dez pessoas, uma deve ficar em pé, pois uma cadeira é reservada para Deus, e aquele que ousa, inadvertidamente ou não, sentar-se na cadeira de Deus é um idiota. O observador era o idiota. Como em qualquer anedota, o riso vem de que o público sabe a besteira, menos os protagonistas. Na cena do terapeuta, o grupo e o observador com seu vídeo, tudo estava previsto. Cada um no seu papel. O único detalhe que não podia ser previsto era o que o grupo faria com o terapeuta e com observador.

Paulatinamente, o que um e outro observavam tornava-se estranho. Um e outro não pareciam ter estado no mesmo grupo. O observador cada vez mais descrevia ódio, desprezo, ira. O terapeuta via cada vez mais encantamento, leveza, doçura. As primeiras hipóteses não eram as boas. Diferenças de "personalidade". Parecia que, aos poucos, a anedota, antes de fazer rir, ia fazer chorar. O observador, sentado na cadeira indevida, era um pobre coitado que tinha usurpado o assento e queimado o traseiro. O olho que tudo vê é clássico para representar a divindade. A consequência era que a tensão virou hipertensão.

Um dia, alguém de um grupo troca propositadamente o nome do observador e este responde com um palavrão. Cena inesperada, escandalosa. Gaiarsa restitui o humano no que seria o espaço sagrado-ritualizado em que tudo pode. No silêncio ecoa: "Ele [o observador] disse várias vezes que o incomodava ter o nome trocado, você insistiu, então..." A clínica majestosamente soberana: estar doente é uma honra, utilizar a doença é um ato de escravizar impunemente, o que Ferenczi chamava de "tirania do sofrimento". Numa frase simples, Gaiarsa contou de maneira inequívoca que Papai Noel não existe e que os bebês não chegam pelas cegonhas. A simplicidade não é a simplificação, é o ato de um artista que com dois ou três toques de lápis muda o papel ordinário em uma obra de arte.

Aos poucos, o vídeo foi se tornando um brinquedo usado, e pior, como aqueles quebra-cabeças que, depois de inúmeras tentativas e de não encontrar a solução, deixam de ser interessantes, por despeito.

No tempo do apogeu da cumplicidade foi se insinuando a distinção e depois a separação (ou seria ao contrário?). Freud, o abominável para Gaiarsa, virou presença incontornável. Primeiro sussurrada, depois tolerada. O mistério do vídeo continuou secretando seus efeitos. Freud dizia que se pode tratar o outro como bem entender, com eletrochoque, banho, massagem, hipnose ou mesmo, por que não, vídeo; o outro vai se tratar por transferência (positiva e negativa – grande novidade!). Outro amor. Muito tempo depois, ainda outro amor e tudo por causa do vídeo. Lévinas, dando uma chave tardia: um rosto não se vê, é para ser escutado. Outro amor. Isso, estranhamente, é Gaiarsa, o homem de muitos amores.

Herdeiro – sim. E, como qualquer herdeiro que não tenha sido esmagado pela herança, custou a apropriar-se dela. Renegado – talvez. Bastardo seria mais aproximado. A pureza tem algo de repugnante.

4.
Gaiarsa, meu psicoterapeuta

MONJA COEN*

Fernanda Carlos Borges: Antes de tudo, quero lhe agradecer muitíssimo por colaborar neste trabalho de memória e resgate do trabalho do Gaiarsa.

Monja Coen: É um prazer para mim. Foi uma pessoa muito importante na minha vida.

FCB: Você chegou a ser paciente dele?

MC: Sim, fui paciente do Gaiarsa. É interessante, porque eu era bem jovem naquela época – acho que tinha 19 anos – e estava muito insatisfeita com a minha vida, com as minhas coisas. Falando com um amigo meu – Dudi Maia Rosa, artista plástico –, ele disse: "Por que você não vai a um psiquiatra? Tenho um cara muito legal". Ele me deu o endereço e fui lá, bati na porta do consultório. Eu me achava – afinal, meu drama pessoal deveria ser a coisa mais importante do mundo. Conversei com o Gaiarsa um pouco, ele falou algumas coisas.

* Jornalista e monja zen-budista.

Ao final, disse: "Você pode participar de um dos grupos de terapia". Falei: "Mas pensei em ter sessões individuais", ao que ele respondeu: "Não faço mais individual, você vai para o grupo" [risos]. Saí de lá muito abalada, porque eu achava que minha vida, minhas questões internas, meus dramas eram raros e que provavelmente esse grande pesquisador ia ficar muito interessado, mas ele acabou me colocando em um grupo. Primeiro impacto: eu não era tão rara e/ou tão interessante assim. Comecei a fazer a terapia de grupo – uma espécie de psicodrama. Era maravilhoso. Às vezes o Gaiarsa dizia para mim: "Parece que você tem uma bomba dentro do seu peito que vai explodir já, já" [risos]. O pensamento do Gaiarsa era de como a família aprisiona em vez de favorecer a libertação, nada de "anjinhos". Ele dizia que a família era um lugar terrível. Onde se encontram o ciúme, a inveja. Hoje falamos sobre o primeiro casal de irmãos na Bíblia, os primeiros filhos de Adão e Eva, Caim e Abel. Que família, a primeira?! Caim mata Abel.

Gaiarsa quebrava a fantasia de que a família é onde encontramos acolhida, respeito, tranquilidade, amor, carinho. Fazia-nos notar que, na verdade, muitos de nós haviam sido completamente oprimidos por familiares desde a infância. Então, Gaiarsa abria portais. Ele trabalhava muito com a ideia de Reich, da couraça muscular que nos prende e nos trava. Demonstrava como é possível soltar – por meio do corpo e da respiração – dramas interiores. Então fiz alguns anos de terapia com ele. Graças a esse grupo de terapia arranjei um emprego no *Jornal da Tarde*. Durante a terapia eu reclamava muito do controle que meus pais exerciam sobre mim. Casei cedo, tive uma filha muito cedo. Quando entrei para a faculdade, meu pai recomendava que eu não contasse a ninguém sobre minha vida – deveria ser um segredo. Meu pai acreditava que, pelo fato de eu ter uma filha e estar separada, os homens "iam abusar de mim".

FCB: Você tinha quantos anos quando teve uma filha?

MC: Eu tinha 17 anos.

FCB: Pouco depois você procurou a terapia...

MC: Na época da terapia minha filha já tinha nascido, eu estava com 19 anos, frequentava a faculdade e não podia me relacionar com ninguém, pois, conforme meu pai vaticinava, se namorasse, os homens iam querer abusar de mim. Também não devia contar na escola que eu tinha uma filha. Realmente, eu me sentia diferente das outras meninas, pois muitas iam lá para namorar, e eu nem podia contar que tinha uma filha. Eu estava vivendo um divórcio, uma situação muito desgastante. Tinha entrado no Mackenzie, desisti. Colegas de classe eram amigas entre si, de vários anos. Eu viera de outras situações. Fui para a PUC, curso noturno, onde um namorado estava estudando. Namoro escondido. Meu pai não podia saber, nem queria que ele – o namorado – se aproximasse de mim, porque temia abusos e desrespeitos. Enfim, era muito dramática a minha vida, limitada. Eu não tinha dinheiro. O ex-marido não me dava dinheiro nenhum. Voltei a morar na casa da minha mãe. Havia uma grande pressão familiar, social. Comentava no grupo de terapia, reclamava das circunstâncias, do aprisionamento, da falta de liberdade, e um jornalista que estava no grupo me perguntou: "Então por que você não vai trabalhar?" Respondi: "Trabalhar do quê? Eu não sei fazer nada!" Ele perguntou: "O que você gosta de fazer?" Falei: "Gosto de ler, escrever". Então ele disse: "Tenho uma vaga no *Jornal da Tarde*, vá lá amanhã". E assim comecei a trabalhar como jornalista.

Fui contratada depois de algum tempo como profissional e, aos poucos, fui deixando de ir ao Gaiarsa, porque eu não tinha mais tempo. O jornal começava às 13h e não tinha horário para fechar. Então, o afastamento do grupo com o Gaiarsa se deveu a um trabalho muito absorvente.

Chegava em casa de madrugada, dormia de manhã, almoçava com minha filha pequena e a levava até a escola, e o resto do tempo era o jornal. Era um jornal novo, muito criativo, textos curtos, fotos abertas, arte, textos especiais. Comia, bebia, dormia e acordava jornal. Nesse período pude me encontrar com o Gaiarsa algumas vezes. Não mais no grupo durante o dia ou no fim de tarde, mas quando era possível.

Acabei tendo um namorado na redação e saímos juntos com o Gaiarsa. O Gaiarsa tinha um barco e um dia demos uma volta juntos. Era estranho para mim, sair a passear com meu psiquiatra. Ele era muito importante para mim – não era uma pessoa comum.

Foi muito interessante. Em certo momento, ele me disse: "Você é muito bonita, mas eu não sinto nenhuma sensualidade vindo de você". Parece que ele manteve algumas namoradas – eu não sei, porque não convivi com ele –, e essas histórias nunca chegaram até mim diretamente. Minha relação com ele foi sempre de profunda confiança, respeito e uma gratidão infinita por tudo aquilo que ele apontou em mim. Ele me fez ver a realidade assim como é. Ele me transformou em mim mesma, me deu asas, me deu liberdade de ser. É como se aquela bomba, que ele dizia estar aqui dentro, fosse desarmada. Isso foi muito importante.

Mais tarde, fui para a Europa. Pedi uma licença no jornal, porque modificaram um texto meu, fizeram alterações que feriam uma pessoa, dizendo o oposto do que eu escrevera. Fiquei decepcionada e pedi para passar uma temporada em Londres. Fiquei na Europa mais tempo do que eu havia imaginado. Tive algumas experiências com LSD e coisas do gênero (mescalina, haxixe). Quando voltei, fui procurá-lo e contei-lhe as minhas experiências, o meu novo olhar para a vida, as mudanças internas e externas e a expansão da consciência. Minhas questões, desde os 13 anos de idade, haviam sido: o que é Deus? Onde está? O que é vida? O que é morte? Quando comentei com o Gaiarsa sobre a expansão de consciência que tive, por meio das várias experiências na Europa, experiências de encontro com o sagrado, perguntei se poderia voltar a fazer terapia. Ele me olhou profundamente e comentou: "Depois da faculdade você quer voltar ao primário?" Essa frase não saiu da minha cabeça [risos]. Era uma confirmação de que eu havia rompido a barreira, ido além.

Gaiarsa falava muito sobre os sonhos. Ele gostava de Jung e fazia uma relação interessante entre Jung e Reich. Sonhei uma vez que eu havia acordado, e ele falou: "Que maravilha! É sempre bom acordar durante o sonho". O monge fundador da tradição soto zen, no Japão, Mestre Eihei Dogen (1200-1253), escreveu em um dos capítulos de sua obra máxima, *Shobogenzo*: "A vida é um sonho dentro de um sonho." Lembrei-me do Gaiarsa, lembrei-me da importância do despertar, do acordar no meio do sonho.

Houve um momento em minha vida, em uma das minhas grandes crises, em que eu me relacionava com um jornalista que bebia muito – e eu bebia também – e tivemos uma briga maior. Pensei: "Vou morrer. Chega de viver. Viver está muito chato, não quero mais viver, quero acabar com isso". O único remédio que eu tinha em casa era Tetrex, um antibiótico. Tomei todos os Tetrex que havia nos vidrinhos, fechei a janela, coloquei uma camisola bem bonita e me deitei na cama para morrer. Só que esse namorado, já no meio da rua, resolveu voltar e me viu na cama com os remédios abertos. Não escrevi carta, nada, eu queria morrer mesmo. Cansei. A vida estava vazia, queria ir embora. Quando acordei, pela primeira vez vi o Gaiarsa bravo. Ele apareceu no hospital onde estavam tentando fazer uma lavagem estomacal em mim. Eu nunca o havia visto bravo. Ele disse: "O que você está fazendo? Você quer descansar, você quer dormir? Você está cheia de tudo? Pois você vai dormir, vou te pôr em uma clínica para dormir bastante lá". E ele me pôs. Internou-me em uma clínica. A família toda concordou, claro, afinal foi uma tentativa de suicídio. Fiquei internada um tempo, e o médico que cuidava de mim queria muito categorizar quem eu era, o que eu era, qual era o meu problema mental, [achava] que poderia me colocar em uma caixinha. E o que Gaiarsa nunca fez foi pôr as pessoas em caixinhas. Ele nunca dava diagnósticos fechados – "Você é isto, você é aquilo". Não, "Você é um ser humano". E esse olhar dele fazia diferença.

FCB: Deixe-me te interromper um pouquinho, porque estou superemocionada. Estou quase chorando, por esse gesto dele, de ter ido lá, bravo contigo. Um compromisso que ele tinha com você e com outras pessoas...

MC: Com a vida. Você pode enlouquecer, pode fazer o que quiser, mas não morra. Então ele me internou em uma clínica. Um dia liguei para ele e disse: "Essa coisa aqui está muito chata. Esse psiquiatra é um bobo. Ele quer dar um nome para o que eu tenho, mas não acha um nome. Eu não quero mais ficar aqui". Então ele disse: "Está bem". Foi muito simples. Em vez de dizer "Você vai ter de ficar", ele disse "Então saia". Tinha esse respeito pelo ser humano, respeito pela pessoa de quem ele estava cuidando.

FCB: Isso está muito presente nos livros dele. Apesar de todas as caracterologias que é possível fazer para encontrar padrões, ele humanizava e libertava a pessoa quando reconhecia e interagia com a singularidade dela, com a diferença. Essa diferença fazia que as pessoas elaborassem um significado e, principalmente, um sentido para a própria vida. Isso está muito presente nos livros. Outra coisa interessante é que outras pessoas comentaram que havia uma presença enorme de jornalistas nos grupos, e você reforça isso. Porque parece que o Gaiarsa atraía muito as pessoas que estavam tentando pensar fora de um sistema mais opressivo. Pessoas que se interessavam pela crítica dos costumes (costumes que adoeciam e deixavam todos neuróticos) giravam em torno do Gaiarsa e você confirma isso.

MC: Confirmo. Ele trabalhava com a inteligência de São Paulo – pelo menos os que iam lá eram pessoas que faziam diferença pela maneira como pensavam, pessoas que não eram manipuladas nem manipulavam ninguém. Era algo que ele insistia muito conosco: você é um ser humano que pensa, que toma decisões. Você não só segue o que os outros estão fazendo, mas tem coerência de uma escolha, de saber fazer escolhas e não ser preso pelos padrões tradicionais da sociedade. Havia na sala dele um Jesus que ria.

FCB: Um Jesus?

MC: Ele tinha uma face de Jesus, um quadro pequeno, pendurado em uma coluna. O consultório ficava em um prédio antigo, numa esquina, nas proximidades da avenida São Luís. Na antessala do grupo de terapia havia uma face de Jesus na parede, rindo. Era muito bonito, uma face de Jesus sorrindo.

FCB: Ele teve a vida inteira uma conversa com essa imagem do sagrado – Jesus, a crucificação. A família dele era muito católica. Depois ele ficou a vida inteira reelaborando o significado dessa história. Em que época era isso, mais ou menos?

MC: Em 1968, 1970. Estive alguns anos com ele, talvez uns dois ou três. Depois fui para a Europa, voltei e, quando voltei, ele disse: "Agora você não vai voltar para o pré-primário". Encontrei-me com o Gaiarsa muitos anos depois, num grande evento sobre educação, ele estava fazendo uma palestra e eu também. Que honra e que surpresa boas – palestrar no mesmo evento que ele! Foi muito gostoso encontrá-lo. Era sempre um grande amigo. Agora estou me lembrando: quando eu disse que não ia mais lá, antes de eu viajar, falei: "Por que eu pago para conversar com um amigo?" Porque o relacionamento mudou, virou um amigo, um grande querido. A relação havia mudado. Alguma coisa em mim mudou nesse processo todo, na tentativa de suicídio, na loucura que eram as bebidas e as noites, a intensidade do jornal. Trabalhar num jornal é muito forte, você está em contato direto com a dor e o sofrimento, no local da dor e do sofrimento. A pessoa não vem até a sua sala contar da sua dor, você vai até lá. Você encontra o morto, a família do morto, os vizinhos, precisa entrevistá-los. O nosso emocional fica muito abalado com tudo isso. E nós saíamos da redação para comer e beber, e só falávamos de jornal. Acordávamos e falávamos de jornal, dormíamos e falávamos de jornal. A gente vivia o jornal 24 horas por dia, 365 dias por ano. Era muito absorvente, porque estávamos criando um novo estilo e éramos romanticamente dedicados ao nosso ofício. O *Jornal da Tarde* tinha sido construído pelo Mino Carta – dr. Ruy Mesquita, segundo filho da família Mesquita, queria ter uma posição na imprensa. Era um sonho muito antigo da família Mesquita e permitiram a criação do *Jornal da Tarde*. Dr. Ruy era o líder. E o Mino Carta, depois de alguns anos, saiu para fazer a *Veja*. Quando isso aconteceu, entrou uma segunda equipe. Eu sou dessa segunda turma, a segunda geração do *Jornal da Tarde*. Em 30 de abril de 2020 morreu o Nirlando Beirão, um colega meu de redação muito querido. Seus amigos o chamavam de Lorde, por ser muito gentil e educado. O Fernando Mitre, hoje na Band, fazia parte dessa mesma geração.

Éramos várias pessoas convivendo na redação por alguns anos – não foram muitos, mas foram intensos. Quando entrou o governo militar, fazíamos resistência aos censores que ficavam na redação. Ficávamos até amigos da pessoa que vinha nos censurar. Não concordávamos com o cargo nem com a censura, mas aquela pessoa era um ser humano com quem tomávamos café, bebíamos água, conversávamos. Houve situações fortes e interessantes, experiências raras concomitantes com a terapia de grupo com o Gaiarsa. A criatividade surgia das entrevistas e da necessidade de criar textos que interessassem ao leitor, que não fossem bonitos só para você. Eu lia muito. Na redação partilhávamos livros, comentávamos textos. Essa procura de um texto, de falar de forma adequada, de escrever de forma adequada. Para mim, entrevistar alguém era sempre muito sofrido, eu achava que era uma invasão à privacidade do outro. Eu tinha de vencer o meu eu, até que entendi que não era eu quem perguntava, era o público que estava perguntando. O jornalista é um intermediário. Talvez eu nunca fizesse a pergunta que fiz àquela pessoa, mas alguém que ia ler o jornal faria. Eu estava atendendo a esse leitor também. Então foi quando iniciei minha jornada nesse processo no não eu – o que tem que ver com o zen. O jornal, junto com o Gaiarsa, foi o que me transformou completamente. Virei outra pessoa.

FCB: Com relação a isso, no livro *Couraça muscular do caráter* – não tenho certeza se é esse –, tem um trecho – não chega a ser muito, talvez duas a três páginas – em que ele faz uma relação do sistema sensório-motor, que era a paixão dele, com o princípio do Tao, que está ligado ao zen-budismo. É muito bonito esse trecho. Você chegou a ver?

MC: Não, não conheço. Vou ver [risos].

FCB: Vou te enviar.

MC: Que bom, me envie, sim.

FCB: Ele tinha uma conexão também com essa questão da não ação, do eu que não delibera.

MC: É maior que o euzinho, não é? Não ficar limitada pelas limitações do que você criou como sendo você, ou do que foi criado pela nossa sociedade ou pela família. Romper essa casca e encontrar a realidade. Entrar em contato com o que é real, verdadeiro. O olhar para a realidade, a sensação, as experiências também são corpóreas. Havia ênfase no corpo como portal do equilíbrio. Gaiarsa ficava muito bem em pé durante nossos grupos de terapia. O peso dele era muito bem dividido entre os dois pés. Ele não se desequilibrava. Forte, estável e leve. Depois, encontrei-o novamente, bem mais tarde. Há um grupo chamado Humaniversidade, criado pelo Otávio Leal, com quem tenho parceria na Rádio Vibe Mundial, no programa

"Momento Zen", transmitido às segundas-feiras às 19h30. Otávio Leal também se encantava com o Gaiarsa, que dava aulas para alguns dos cursos da Humaniversidade. É um grupo com cursos muito variados, incluindo ioga, meditação, naturopatia, entre outros. Otávio Leal me convidava também a dar aulas de zen-budismo nesse mesmo local. Certo dia, o Otávio me convidou e, quando cheguei lá, ele disse: "Venha aqui tomar um café, o Gaiarsa está aqui". Exclamei: "Não acredito!" Gaiarsa, aquele ser imenso, estava em uma sala simples, pequena... Para mim ele era um deus, um semideus que habita o Olimpo. De repente eu o vejo sentado naquela salinha muito simples, já idoso, tomando café com leite e comendo pão com manteiga. Pensei: "Deus come pão com manteiga" [risos]. Criamos imagens, memórias. Quando ficamos muito tempo sem ver uma pessoa, ou um local, a memória que mantemos é a dos últimos encontros, relações. Gaiarsa foi um ser que iluminou minha vida, que me fez tirar tampões dos meus olhos, ver o que eu não via, o que não percebia em mim e na sociedade. Facilitou para que eu percebesse o que me prendia, o que me tornava incapaz de me desenvolver. Gaiarsa era muito hábil nisso, porque era delicado, não era rude, não forçava nada. Ele nos dava tempo, o tempo do amadurecimento. Era como se nos colocasse em uma estufa confortável. Nós éramos as plantas em crescimento, e ele sabia a quantidade certa de calor, de água, para que a gente desabrochasse no nosso melhor, e não no melhor dele. Para chegar a esse nível é preciso ter acessado o não eu, porque muitos terapeutas ficam aprisionados no eu – "eu faço", "eu consigo", "eu salvo", "eu curo". Ele nunca teve esse viés de "eu, Gaiarsa, estou fazendo". Não! Havia Reich, Jung, terapia, paciente, ser humano.

FCB: Tanto que ele nunca sistematizou o que fazia num pacotinho que virasse um produto para ser vendido. Era um compromisso com a liberdade de pensamento, de fazer relações.

MC: De deixar as pessoas livres. Libertar o ser humano das suas amarras. As amarras que nos impedem de ser, ou de "inter-ser", de se relacionar com liberdade em qualquer lugar. Ele era um "liberta-dor" [risos]. Ele sabia libertar da dor.

FCB: Ele era muito bom em formar frases, e uma das frases que ficaram muito conhecidas é a que ele diz que "a psicanálise nasceu para resolver a neurose provocada pela família tradicional patriarcal autoritária". E aí vem outra questão, que tem que ver, inclusive, com a história que você estava me contando. Hoje a gente vê esse movimento neofascista fazendo um grande levante pela família tradicional e patriarcal, em que a mulher fica em casa, submissa, controlada pelos homens – tanto a mãe quanto as filhas. Enfim, é todo um passado que nós achamos – imagino que você também – que já tinha se flexibilizado, que estaria mais bem elaborado para que as pessoas pudessem viver um pouco melhor em família. Diante desse contexto e dessa fala do Gaiarsa, qual seria a importância do legado dele?

MC: Que as pessoas despertem e percebam a equidade e uma nova família que está surgindo. Falava-se em uma família monogâmica. A maioria não é. A maioria dos homens pula a cerca, as mulheres têm seus amantes e alguns procuram manter a "aparência" de família, de todos tão bons e tão felizes, quando alguns nem aparência mais se interessam em manter. Vivem um drama interior, de briga em briga, em provocações, e alguns se mantêm unidos pelo ódio. Não vivem o amor, mas precisam manter a aparência – porque, afinal, a família é importante. Mas algo mudou: hoje, muitas vezes, são mulheres as provedoras, as responsáveis pelo sustento de toda a família. São muitas mulheres que sustentam a cria e trabalham em três turnos para dar conta de tudo

FCB: E que são mais da metade das famílias brasileiras.

MC: Sim. E surge um presidente no Brasil dizendo que, porque os homens não estão trabalhando, estão batendo nas mulheres... Não é porque eles não estão trabalhando, é porque eles têm problemas, os mesmos problemas do caso da família monogâmica, aquela família tão amorosa que "eu fico com raiva e bato, pois a mulher é meu objeto". E isso ainda existe, não só nas camadas pobres. As camadas pobres chamam a polícia, mas a mulher rica não chama a polícia, logo, ela não entra na estatística. O homem de classe média ou alta abusa da criança, e essa criança não vai à polícia e não entra na estatística. A mulher das classes alta e média se separa do marido e/ou o obriga a um tratamento psiquiátrico/terapêutico, mas não é publicamente dito que a criança foi abusada e que aquele homem é um abusador de crianças. Isso nos faz lembrar que família não é um lugar bonitinho, todo amorzinho e queridinho. Há muitos conflitos. Os que se tornam frustrados com suas próprias famílias procuram um culpado. E a culpa é de quem? Do PT [risos]. Temos um bode expiatório, comunista, os "vermelhos", que querem destruir a família, pois a família é indestrutível.

FCB: E as feministas. Elas viraram as grandes culpadas pela destruição da família, além dos homossexuais.

MC: Claro. Há ainda quem pense e diga publicamente que, se as mulheres ficassem em casa e cuidassem dos filhos, a vida seria muito melhor. A invenção de a mulher trabalhar é "comunismo". Tirar a mulher do lugar dela – de obedecer ao homem, servir, fazer comida, cerzir a meia – e pô-la no mercado de trabalho. "Vejam o que aconteceu com a família: se desmembrou. Mas nós, agora os salvadores da pátria, vamos restaurar os valores corretos. Homem de azul, mulher de cor-de-rosa." Inacreditável que ainda pensem assim e que muitos concordem.

O Japão é um dos países mais tradicionalistas do mundo, e durante o curso de formação monástica tive aulas contra a discriminação de gênero. Fazia parte do currículo. Notei mudanças na literatura infantil, em que começaram, no Japão, a fazer cartilhas escolares nas quais o homem ficava em casa de avental e a mulher saía com a pastinha para trabalhar. Diziam que a discriminação é mantida nas ilustrações de feminino e masculino desde a infância: o cor-de-rosa, o azul, a mulher em casa com o avental, a panelinha na mão e a vassoura, e o homem saindo para trabalhar. Eles mudaram as cartilhas escolares. Às vezes era o homem saindo, às vezes era a mulher, por que não? Há de se transformar uma maneira de pensar errônea, falsa, em uma atual e verdadeira.

FCB: Sim, e envolver todo mundo no labor que é o trabalho doméstico, de cuidado, que é importante, mas que todos podem se envolver, dada a sua importância.

MC: Exatamente. Todos podem trabalhar fora. Não é o gênero que determina quem cuida da casa e dos filhos. Uma vez tive um encontro inter-religioso com um prior anglicano vindo da Inglaterra. Uma senhora perguntou a ele: "Qual é o papel da mãe na educação dos filhos?" Ele, então, com aquela linguagem bem tradicional, disse: "Cabe à mãe educar os filhos". E eu falei: "E aos pais também. Uma criança não é educada só pela mãe, é educada pela sociedade, pelos professores e pelo pai". É muito importante verificar que, na educação básica, quase só há mulheres professoras. Há poucos homens professores de educação básica, porque esse nível de educação foi desmoralizado. Imagine, que absurdo! A formação básica de um ser humano deveria ser a mais importante de todas. Os docentes deveriam ser os mais bem pagos de toda a rede educacional. A criança, sempre cercada por mulheres educadoras, não vê o homem como educador. Tirou-se do papel dos homens a função de educar. Lamentável.

FCB: Essa educação também está nessa esfera do cuidado, do labor doméstico. E isso cabe à mulher, pela visão machista. O trabalho, considerado algo mais nobre, de transformar a natureza em cultura, é tido como coisa dos seres humanos que são os homens, e não as mulheres, que devem ficar na esfera dos cuidados básicos, que são fundamentais, mas desprezados...

MC: Houve uma grande mudança na época da minha juventude. Os movimentos feministas internacionais se tornaram visíveis. Tive uma colega de redação que acabou indo morar em Paris. Ela fazia parte da diretoria do Mouvement de Libération des Femmes [Movimento de Libertação das Mulheres]. Quando morei na Inglaterra, fui visitá-la. Era muito interessante, nunca havia estado em um clube à noite em que só havia mulheres. Eram bonitas, elegantes, de *tailleur*, trabalhavam. Não havia nada da caricatura que se faz no Brasil para a mulher que é gay, lésbica. Eram mulheres de todos os tipos, algumas parecendo menos e outras mais femininas, delicadas, elegantes. Se elas mantinham relações sexuais com mulheres ou homens, tanto fazia. Eram seres humanos que queriam espaços para não sofrer *bullying* dos homens. Os espaços femininos não eram só questão da sexualidade, mas um espaço de liberdade, de poder conversar com seus pares sem medo de levar um beliscão, uma cantada, de ser puxada para lá e para cá ou forçada a uma relação. Foi muito interessante viver essa época de grandes transformações.

Se, no começo, para ir trabalhar no jornal, eu me arrumava, fazia maquiagem, aos poucos mudei, fui cortando o cabelo bem curto [risos]. A primeira passeata da qual participei foi estimulada por essa colega de redação. O pessoal do jornal (homens) me achava "bonitinha" e não queria me expor ao perigo das passeatas. "Ela não vai à passeata." Então ela dizia: "Ela vai como estudante ou como jornalista, vocês escolhem. Ela precisa saber o que está acontecendo no mundo". Eu só andava de saia, tailleurzinho, e ela dizia: "Vista uma calça comprida grossa, calce botas, leve um lenço com amoníaco dentro de um saco plástico no bolso, porque se houver gás lacrimogênio você cobre boca e nariz". Nunca precisei usar o tal lenço. Enfim, ela me vestiu toda para ir às passeatas e fui no dia em que um estudante foi morto na rua Maria Antônia. Eu me achava protegida por ser repórter, "da imprensa", então, quando alguém se aproximava, eu dizia "sou da imprensa". Pensei que eu tivesse carta branca, que seria respeitada. Mas houve um dia em que a cavalaria entrou, os policiais me empurraram para um canto [risos]. Percebi que nesses momentos de passeatas, manifestações públicas, não há privilégios. Ficamos todos iguais. Eu era jovem, vestida como as universitárias se vestiam. Sabe o que pensei? "Nossa, que legal, não tem imprensa, não tem nada. Violência pura!" [risos]

    Passei a ter um olhar diferente para a realidade, por meio dessas experiências de estar na rua. O José Dirceu era líder estudantil nessa época. Lembro-me dele em cima de um carro. Era interessante porque ele era muito jovem, enérgico, cheio de estímulo vital, de "vamos transformar o mundo". Essa ideia de que nós, jovens, podemos transformar o mundo, de que somos o elemento de transformação, surgiu em mim. E, ao mesmo tempo, colegas meus de redação começaram a sumir, alguns foram para a clandestinidade, outros só muitos anos depois soube que morreram – alguns torturados. Na redação, jornalistas mais antigos perceberam que a jovem repórter nunca pensara em política e que precisaria ser conscientizada [risos].

Então eles começaram a me dar livros para ler. Lembro-me de um livro em especial – na verdade o único de que me lembro – que causou em mim uma grande mudança. O autor era Trotsky. Era um livro fininho sobre um grupo revolucionário violento que tomara o governo à força. O governo estava corrompido. Assim, os revolucionários mataram todos e assumiram o poder: "Nós, os puros e os bons, vamos levar esse país para a frente". Em pouco tempo seus ministros se corromperam. A ideia do Trotsky era de que, se a revolução não fosse internacional, não funcionaria. Meu olhar foi diferente. Se cada de um nós, seres humanos, não mudar, não será um sistema político e econômico que fará diferença, porque somos todos corruptíveis. Mas, se tivermos princípios e valores éticos profundos, em cada um de nós, seja qual for o partido político ou o sistema econômico, não cairemos no jogo da corrupção. Achei que esse estado interior era a saída, a mudança. Comecei a procurar onde e como poderia encontrá-lo – em mim e na sociedade. Nessa ocasião, encontrei o zen-budismo. Foram algumas matérias que fiz sobre sociedades alternativas. Eu me entusiasmei. Havia alternativas, e essa me pareceu muito boa. Havia alternativas para a nossa sociedade.

FCB: Esse movimento das sociedades alternativas.

MC: Sim. Há outra maneira de estar e ser no mundo. Na juventude, eu tive o Gaiarsa facilitando as aberturas da minha cabeça, a expansão de minha consciência – "olhe em profundidade, veja claramente o que está acontecendo!"

FCB: Tirando a bomba do peito [risos].

MC: Sim. "Tire a bomba do peito e seja macia, seja suave. Entenda essa realidade, seu papel, sua função no mundo. Não há ninguém mandando em você, controlando. Você controla sua vida."

"Não há nada para qual matar e/ou morrer" era uma frase que meu pai repetia para mim. Meu pai: "Seja como Galileu Galilei. Queriam que ele assinasse um papel dizendo que a Terra não girava, caso contrário o matariam. Então, ele assinou o papel. Quando acabou de assinar, exclamou: 'Mas que gira, gira'" [risos]. Esse passou a ser o meu caminho. Por meio da não violência ativa, viver pelos ideais, não morrer nem matar por eles. Isso foi muito forte em mim no momento em que várias pessoas que eu conhecia começaram a sair para a clandestinidade. Recebi até um convite de alguém, já nem me lembro quem. Respondi que não era esse o meu caminho.

Essas mudanças foram acontecendo em mim com o respaldo do Gaiarsa, que apoiava minhas descobertas, esse novo olhar que fui desenvolvendo. Então, finalmente, resolvi ir para a Inglaterra. Fiquei lá por volta de um ano e meio. Voltei para o Brasil e não trabalhei mais para o JT. O dr. Ruy foi muito gentil comigo, disse que eu poderia voltar a ocupar o meu cargo de repórter da [editoria] Geral, mas achei melhor não voltar. Eu tinha uma filha, estava com muitas saudades dela. Ela ficara com a minha mãe. De volta ao Brasil, dei aulas de inglês por um tempo. Afinal, fora para a Inglaterra aprender inglês e aprendi um certo tanto, suficiente para dar aulas a principiantes.

Acabei me envolvendo com meus primos, os Mutantes, e passei a seguir o grupo e a viver o *rock'n'roll*. Depois fui morar na Califórnia (EUA), casei-me com um norte-americano que trabalhava em shows de rock. Ele tinha uma empresa grande de iluminação para os maiores grupos da época, nos grandes estádios de Tampa, na Flórida. Mais tarde nos mudamos para a Califórnia e lá encontrei o zen.

Percebi que o zen-budismo dava sentido à minha baguncinha de vida e de procura. Ao perceber que a meditação zazen era transformadora e ao mesmo tempo aquietadora da mente, decidi que era o que eu queria fazer até o fim desta existência. Eu tinha uns 30 anos de idade.

FCB: E você tinha razão...

MC: Sim. Pensei: "Isso faz sentido". Às vezes, durante os retiros, ficávamos em frente de uma parede branca, em silêncio meditativo. Às vezes, eu via a parede se mexer em cores, imagens. Cheguei a pensar: "Estou louquinha de tudo". Quando via na parede imagens, procurava os orientadores, professores, e estes me diziam que era natural [risos]. "É a sua mente falando com você." Eu queria entender o que ela estaria me dizendo. Às vezes eu ficava de frente para um espelho, olhando para mim. Essas experiências aconteceram mesmo antes do zen. Nessas ocasiões eu havia comentado com o Gaiarsa: "Parece que o espelho parou e eu continuei". Gaiarsa me encorajava: "Que legal! Olhe de novo!" [risos]

FCB: O Gaiarsa usava o espelho para fazer os trabalhos.

MC: Sim! Ele perguntava o que a minha mente estava dizendo para mim. "Ouça, entenda." Às vezes eu não entendia e ele dizia que não tinha importância, que eu não entendia no plano da consciência comum, mas que em outro plano eu havia entendido. Assim como nos sonhos. Às vezes sonhava e comentava algum sonho. Gaiarsa perguntava: "O que você entendeu do sonho?" Às vezes eu interpretava, outras vezes não sabia interpretar: "Não tem importância. Em algum lugar você entendeu, é uma conversa sua consigo mesma". Havia o grupo de quem tivesse insônia. Nunca tive. Gaiarsa recomendava que a pessoa sonhasse acordada e dizia: "O tempo que você fica em uma cama querendo dormir é o tempo que você está desperdiçando na vida. Se não vai dormir, não durma. Sonhe!" [risos]

FCB: Tirar a regra de cima.

MC: De tudo! De tudo ele tirava a regra de cima e nos trazia essa sensação de que é natural, está bem, não é loucura, não é feio, não é bonito, é como é. É o princípio do budismo.

FCB: É como é.

MC: É como é. E o que é um buda, um ser iluminado? É aquele que vê a realidade assim como ela é. Não como eu gostaria que fosse, não como deveria ser. É como é. Por exemplo, nós temos agora o atual governo. Ele é como é. O presidente é como é. Ele não pode ser diferente. É resultante da educação que teve, da genética, das experiências pelas quais passou, das escolhas que fez. Ele se manifesta desse jeito. Não adianta dizermos que queremos que ele seja outro ser. Ele é esse.

FCB: Ele é o que é. Juntando tudo que você falou, lembrei que o Gaiarsa tem três livros, que são a trilogia da família, do amor e do sexo. De um deles o título é *A família de que se fala e a família de que se sofre*. Parece que a cultura ocidental, há algumas décadas, vem tentando entender a família da qual nós sofremos, e o Gaiarsa, aqui no Brasil, fazia parte desse movimento de entender a família da qual sofremos, que é diferente da família da qual se fala. Aí parece que esse movimento neofascista, de novo, está tentando esconder os problemas da família da qual se sofre para reforçar uma família da qual apenas se fala. É a negação daquilo que é.

MC: A negação da realidade assim como é. Tenta-se pintar em cima da realidade. Fantasiar essa realidade, fingir, maquiar. Mas a maquiagem não tampa os olhos. Você pode fazer o que quiser, fazer maquiagem, aprender a não mexer a musculatura facial. Tive uma experiência muito boa no Japão. Eu não falava japonês, e a vida no mosteiro é intensa. Geralmente pensamos que no mosteiro só há pessoas puras e boas, "anjinhas". As monjas tão gentis, meditando... Entretanto, somos pessoas, e algumas bravas, como feras, querendo vencer as outras, insultando, invejando, sentindo ciúmes e partilhando todas as emoções possíveis [risos]. Inclusive, os poucos momentos de bondade: as inclusões, a solidariedade e algum afeto. Nossa superiora dizia: "Aquela que ficar redondinha primeiro não fere nem é ferida". E cada uma de nós se achava completamente redonda. Havia atritos por questões tolas. Foi no mosteiro que aprendi a reconhecer, por meio do corpo, dos olhos, das atitudes, das entonações de voz, o que realmente se passava. Porque as palavras em japonês eu não entendia. Percebi que muitas vezes usamos falas, palavras, para encobrir um sentimento. Sem entender as palavras, eu passei a ler as pessoas.

FCB: Às vezes a gente usa a palavra para encobrir aquilo que é ou que está sendo.

MC: E eu tive essa experiência muito forte no Japão, porque eu não entendia as palavras. As palavras eram sons que não tinham sentido, mas o jeito de falar, a posição do corpo e os olhos contavam tudo. Então eu aprendi a ler as pessoas e não só ser enganada pelas palavras.

FCB: Que era uma das coisas que o Gaiarsa queria nas terapias, nos grupos. Que as pessoas abrissem os olhos, vissem e percebessem as intenções próprias, pela propriocepção, e as disposições dos outros.

MC: Ele fazia, ele tinha essa capacidade. E ele transmitia isso para nós. "Chegue lá, você pode. Todos nós podemos. O que está travando, o que está impedindo você de chegar lá?"

Nós podíamos perceber, não só por ele assim o dizer. Ele nos incentivava a perceber o que estaria nos impedindo: um tanto a família, outro tanto nossas ideias pessoais, bem como da sociedade, do mundo e de nós mesmas – que personagens criamos, qual é a realidade real?

FCB: Ouvindo você falar é muito bonito, porque você viveu muito a sua época. Ouvi outras pessoas que viveram esse mesmo período, e cada uma tentou buscar um caminho dentro desse tempo de grandes transformações. E cada uma achou o seu. É muito bonito. Fiquei emocionada ouvindo você, na verdade. Quero te agradecer demais.

MC: Agradeço a você. Muito obrigada por me chamar.

5.
As origens

ANDRÉ GAIARSA[*]

PRIMEIRA PARTE: O TIO ZECA

A família

A família tinha duas exceções: a tia Helena, freira que morava no convento, e o Zeca, que morava em São Paulo; fora isso, viviam todos próximos. O tio Manão – que muito depois descobri se chamar Otaviano – era o mais velho dos filhos homens que moravam próximos. Os outros viviam no mesmo quarteirão, cada um com sua casa ou casarão, frutos da prosperidade do patriarca Angelo. Prosperidade sustentada com o dinheiro da fábrica de cobertores, bem vendida depois de permitir que ele mandasse os filhos homens para estudar, como internos, no colégio Coração de Jesus, em São Paulo – frequentado pela elite financeira da época – e depois na faculdade de Medicina, onde ele permitiu que os filhos escolhessem

[*] Médico, psicanalista e mestre pela Pontifícia Universidade Católica de São Paulo (PUC-SP).

livremente a especialidade. Prosperidade fruto do trabalho do imigrante, que iniciara a vida como tecelão nas condições da Revolução Industrial – começava a trabalhar quando clareava o dia e terminava quando escurecia. Moravam ali meu pai, Orlando, na casa que tinha sido do pai; tia Thereza, a penúltima antes do Zeca, o caçula; Norma, a mais velha; e, no final da encosta, Angelo e Ana, em uma casa menor e confortável onde se misturavam os aromas da água de colônia da avó e dos charutos do capo. Angelo estava sempre vestido de terno, com a corrente de ouro do relógio Patek Philippe atravessada sobre o colete. Sempre de chapéu, que só tirava na igreja.

A cidade

Santo André era então uma cidade pequena, com apenas duas ruas calçadas de granito, onde a poeira vermelha dominava as ruas de terra, percorridas por poucos carros americanos de várias idades, carroças puxadas por cavalos e alguns ônibus, velhos e desconjuntados, que levavam aos bairros ou às cidades vizinhas. Os habitantes eram quase todos de origem italiana, muitos da região de Veneza, como o patriarca. A vida social tinha dois centros; a feira e a igreja, que era frequentada por grupos diferenciados pelos horários das missas de domingo. Os padres tinham total autoridade sobre a moral e a subjetividade – a cidade espelhando, com procissões e rezas, o calendário da Igreja Católica.

O tio Zeca

Eram muito raras as visitas do tio Zeca, o que fazia que cada uma fosse uma ocasião festiva. Vinha com a família – primeiro com a tia Luizinha e os quatro filhos e, depois do divórcio, nunca comentado, apenas com os filhos. Era uma presença exuberante, sempre cheia de novidades intelectuais, das quais falava com entusiasmo contagiante. Entusiasmo que me levou à definição de me tornar também psicoterapeuta.

A transformação

O tio Zeca começou a virar o Gaiarsa com a publicação de um livro, *A juventude diante do sexo*, um trabalho sério de pesquisa, concebido nos moldes do Relatório Kinsey americano, em que era entrevistada a população citada com cuidado estatístico. Livro que gerou uma notoriedade que se consolidou com uma entrevista para a revista *Realidade*, que fez furor pela novidade do ponto de vista. Essencialmente seu conteúdo era abordar a psicologia de um ponto de vista não religioso, que talvez tenha sido o legado principal dele. Tratava-se do estabelecimento de uma psicologia não confessional, demanda social surgida com a perda de confiabilidade da Igreja – fruto do terremoto cultural que foi o movimento de maio de 1968, em que a voz feminina se somou à voz masculina nas questões sociais, gerando a contemporaneidade ética.

SEGUNDA PARTE: O GAIARSA

O consultório da rua Araújo, quando ali cheguei, recém--formado em Medicina, em 1975, tinha uma atmosfera mágica. Existia no numeroso grupo, que afluía sem parar, uma alegria, uma inteligência e uma camaradagem como nunca vi, antes ou depois.

Hoje, quase 50 anos depois, eu me pergunto o motivo dessa atmosfera. Gaiarsa era carismático, extrovertido e bem-humorado, e corriam os tempos do "milagre" econômico, que depois pagamos com a inflação. Mas isso não explicava por que era tão bom estar ali e fazer parte daquele grupo.

Encontro a explicação nos filmes sobre a Segunda Guerra Mundial, em que o negro, o judeu, o esquisito ou o pobre eram todos bem-vindos na luta contra a abominação nazista. O ex-quase padre Gaiarsa, que tinha uma irmã freira, estava em guerra contra a Santa Madre Igreja, e nós éramos a sua tropa querida; todos nós éramos bem-vindos.

Gaiarsa não economizava munição, era um leitor ávido e bem informado de tudo que se publicava aqui e no exterior.

Contra a alma, o corpo, que ninguém se atrevesse a falar que no fundo aquela pessoa era outra coisa – o que não era visível não existia e ponto.

Contra a castidade, Reich e a potência orgástica como modelo de saúde mental.

Contra Santo Agostinho ou Tomás de Aquino, Freud, Reich, Jung, Schultz, Moreno ou Rogers, entre outros. Não se aceitava qualquer forma de dogma ou afirmação de certeza, que era bombardeada sem piedade.

Contra o fundo sombrio da feroz seriedade dos ditadores assassinos, aquele era um lugar de luz, alegria e liberdade.

Micropolítica

Acredito que só a personalidade singular de José Angelo permitiria a execução do seu projeto de revolução por autoridade suicida. Para explicar, vou usar o modo como ele me tratou – não como questão pessoal, mas como exemplo de sua estratégia micropolítica.

Como seu ativismo acontecia na clínica, convido vocês a participar de uma sessão dessa época.

O cenário era um salão bem grande, muito bem iluminado, com duas das paredes inteiramente de espelhos. No centro, um grande tapete, e sobre ele assentos dos mais variados: almofadas, cadeirinhas, bancos. O grupo grande, de dez ou 12 pessoas, entrava com alguma balbúrdia e se acomodava sem formalismos. Esperando por eles, estávamos Gaiarsa e nós, seus egos-auxiliares, nos termos do psicodrama. Eu me lembro com nitidez do Flávio, filho do Gaiarsa, da Regina Favre e do Fábio Landa; e, mais distantes, Simão e Irene, não me lembro de outros. Depois de acomodados e em silêncio, começava a sessão, que seguia a forma clássica da estratégia de laboratório: começo difuso, emergência de um protagonista, trabalho com este até alguma forma de solução, comentários, final. O que não era clássico é que qualquer um de nós podia assumir o papel de terapeuta e conduzir o protagonista à conclusão. Fechado o grupo, nos reuníamos e comentávamos a sessão comendo pão sueco e tomando chá de jasmim. Apenas o saudosismo me obriga a mencionar que às vezes a discussão terminava em um caldo verde do Boi na Brasa, ali perto.

Aqui entro eu, recém-formado em Medicina, com muito interesse, alguma leitura e pouca experiência, levado a uma posição de igualdade com um profissional com 30 anos de experiência. Elimine-se dessa história qualquer traço de Cinderela, mesmo tendo sido maravilhosa. Estou falando de política – esse igualitarismo era um dogma de Gaiarsa.

Ou melhor, uma prática micropolítica, por dizer respeito às relações pessoais. O modo como ele me tratou não era exceção, mas parte de uma regra, a da negação intransigente da hierarquia.

O fundamento teórico estava em Wilhelm Reich, então temos de abrir um espaço para a teoria, que diz respeito à relação entre a censura interna e a externa, entre a consciência moral e a lei. A importância da discussão está no fato de a doença poder ser definida como um excesso de censura interna. Reich entendia esta como fruto da pressão familiar, que era a versão em ponto menor da opressão sofrida pelos pais. Para interromper essa cadeia de transmissão, a estratégia seria a de suicidar-se como tal. Que era a prática de José Angelo, da qual me coloquei como exemplo.

Vou lembrar uma história citada pelo grupo. Reich foi chamado para dar consultoria em um orfanato em Ohio que tinha um problema com a retirada das fraldas. Reich fez uma proposta: que parassem de censurar as crianças pela higiene, limpando o que estivesse sujo sem comentários. O resultado imediato foi uma verdadeira inundação de fezes pelo orfanato inteiro, aparentemente interminável. Acreditaram em Reich, no entanto, e persistiram na conduta, que fez efeito a partir do terceiro mês, quando a inundação refluiu pela iniciativa das próprias crianças, que inclusive mudaram o padrão, que era tirar as fraldas com 4 anos – as crianças estabeleceram esse prazo em 3.

Essa era a história que definia o paradigma da ação de José. A autoridade se negando, fazendo surgir a organização natural. Ele desocupava o lugar de mestre e não permitia que ninguém o ocupasse, nem os autores sempre sistematicamente relativizados. Ou seja, o que poderia parecer inconsistência é, na realidade, uma extrema consistência teórico-prática cuja expressão positiva era sua frase "só me interessa o que está sendo descoberto neste momento".

Quando eu falei da personalidade singular de José Angelo, foi porque esse feroz militante antiautoritário era o rei inconteste de um reino feliz.

6.
Minha experiência com Gaiarsa, o "senhor das estradas"

PEDRO PRADO*

Gaiarsa, José Angelo... Zé! Gaiarsa. Amigo-mestre, mestre-amigo. Nos cruzamos por esta vida, trocamos. Muita honra poder escrever este texto e trazer a público o que foi a influência de um ser que iluminou meu caminho, incentivou meu crescimento e de quem levei e espalhei ideias e atitudes mundo afora. Pessoa multivalente, homem de interesses ecléticos, curioso, explorador de múltiplas áreas de conhecimento, profundamente humanista e que atuou em tantas esferas – do individual ao coletivo, do consultório às rádios e à televisão, dos artigos aos livros (muitos...). Sua produção intelectual é rica e abundante...
    Este texto tem um caráter afetivo: trata-se de um recorte de mais de 40 anos de convivência. Quis trazer à luz o encontro, a interação e a reverberação de sua presença na minha vida pessoal e profissional, por onde seu legado influiu, fluiu

* Psicólogo, instrutor de Rolfing estrutural e funcional e introdutor do método Rolfing no Brasil.

e continua reverberando... Como ele mesmo acreditava: pessoas que se encontram, trocam, criam e seguem vivendo.

Gaiarsa mito, Gaiarsa guerrilheiro, Gaiarsa brasileiro, Gaiarsa desbravador, pioneiro, Gaiarsa estudioso, autodidata, Gaiarsa genial, Gaiarsa louco, Gaiarsa "Chacrinha" das abordagens corporais...
Ele chegou à minha vida na hora certa... porta-voz de Reich. Éramos um grupo de jovens psicólogos, formados pela PUC-SP, parte de um grupo de supervisão com inspiração junguiana, explorando – com Isabella de Sanctis, nossa professora – a relação mente-corpo em psicologia. Para tanto usávamos a calatonia, criada e introduzida por um de nossos professores, Pethö Sandor, em que correlações com o trabalho corporal no âmbito da psicoterapia se faziam presentes continuamente.

Estamos no início dos anos 1970, e o contexto cultural tinha aberto a abordagem corporal dentro do campo do trabalho psicológico. Essa tendência chegava ao Brasil. Época de novidades, de explorações, de quebra de tabus. Uma época criativa. Os estudos sobre W. Reich, pioneiro nessa especulação, animavam os interessados no tema.

Aos 50 anos, Gaiarsa já era figura pública por seus livros, seus artigos em revistas e sua presença em programas de rádio e televisão. Seu trabalho já o fizera notório e era referência para quem buscava mais sobre Reich. Sua clínica trazia aplicações nele inspiradas. Alguns de seus livros e artigos gravitavam em torno do tema corpo e de sua relação com a psicologia.

A discussão sobre o trabalho corporal na psicoterapia começava a rolar solta... Um belo dia, convida-se Gaiarsa para um contato com o grupo. Eloquente, apaixonado pelo que trazia, imediatamente nos cativou, e o grupo "quis mais". Era outra perspectiva do "trabalho corporal". As ideias reichianas, da "armadura física", da "couraça muscular", já por ele integradas e expandidas, apontando a "visibilidade" do inconsciente, e, ademais, as nascentes estratégias para se trabalhar com esse inconsciente fisicamente nos fascinaram. Aos poucos, vários de nós seguimos suas pegadas.

Isso aconteceu nos anos 1970 e 1980. Jovens, universitários atuantes, em plena ditadura militar, em meio a uma revolução de costumes e a uma expansão ideológica, absorvendo tendências novas, que contestavam as ainda novas práticas psicoterapêuticas, bastante ancoradas na psicanálise e no exercício médico. A psicologia no Brasil também começava a desabrochar como profissão e prática, desvinculando-se da filosofia, da pedagogia e da psiquiatria. Época da sedimentação dos primeiros cursos autônomos, em que havia a preocupação ideológica de montar currículos abrangentes, representativos do que estava disponível. Assim, a abordagem corporal entrou na PUC, e nós fomos das primeiras gerações de estudiosos dessa frente aberta.

Gaiarsa tinha passado pela universidade, convidado pela própria PUC, por seu renome como psiquiatra clínico, e já era figura pública por sua inserção na mídia. Suas ideias sacudiam as opiniões... Nessa fase, ele já se desencantara com o ensino acadêmico e conduzia independentemente, num panorama não institucional, grupos de ensino e discussão de temas ligados à psicoterapia, que ele mesmo definia como "encontros". Nesses encontros ele apresentava temas e dava aulas – que incluíam anatomia, fisiologia, neurologia... Enfim, todos os aspectos somáticos que davam suporte a seu entendimento do corpo e sua relação com a vida emocional. Também propunha técnicas e exercícios, que eram experimentados e discutidos em seguida.

Nosso grupinho de supervisão continuou com ele, e logo se juntou a outros que ele conduzia, e eu por lá fiquei enquanto existiram. Primeiramente aconteciam na rua Araújo, seu consultório no centro da cidade de São Paulo. Lá, o cenário era bastante atípico, de modo geral, e diferente de um consultório clássico. Uma parede toda espelhada, para se trabalhar com imagens e leitura corporal e observação, e uma série de colunas que sustentavam plataformas removíveis, subindo e descendo à medida que se precisava de espaço livre ou de macas para trabalho.

Lembro-me bem de minha primeira consulta, que abriria o interesse para meu processo pessoal – em frente a essa parede espelhada, numa análise corporal, encontro-me vendo meu tórax necessitado de espaço, tímido, contraído – e de sua frase dura e amorosa: "É... aqui... para abrir... só com picareta...", terminando numa grande gargalhada. Com certeza esse encontro pontuou consciência e direções que vim a seguir.

Foram lá as minhas primeiras vivências com a sensorialidade como canal de acesso à experiência corporal, com todos os sentidos presentes nas explorações, e com o toque como acesso direto à sensorialidade e à relação, ambos levando à transformação fisiopsíquica.

Depois mudamos para o estúdio-ateliê-espaço-galpão da rua Aspicuelta, Vila Madalena, São Paulo. Bairro proletário que se transformava com o advir de pessoas de vanguarda, oriundas das artes e da psicologia, que, em busca de aluguéis em conta e de proximidade com o centro da cidade, montavam esse gueto. Esse espaço se transformava com a sua própria vida – dele e do próprio espaço. Chão de tatames, instrumentos de experiência biomecânica para equilíbrio, trapézios, utensílios com texturas diferentes para a exploração da sensorialidade etc.

Lembremos que era também época em que nas artes a sensorialidade era explorada, e artistas-terapeutas como Lygia Clark e terapeutas-artistas como Nise da Silveira trilhavam, experimentavam e postulavam sua correlação com o psiquismo. Eram vários grupos, grandes, com gente muito variada, vários dias por semana.

Essa época foi bastante "animada". Muitas descobertas pessoais, muita exploração, muito conhecimento produzido. Vida e criatividade. Participamos, alguns de nós, de congressos e *workshops* com ele. Desenvolvemos, ele e eu, uma relação de mestre-discípulo, e eu seguia suas pegadas.

Mais adiante, fecha-se o galpão, e os encontros passam a ser em sua casa, na rua dr. Paulo Vieira. Chamava-os de "encontros de câmara", onde se seguia o mesmo modelo – aulas, discussão, experiências, troca de novidades na vida pessoal e profissional dos membros, agora em número menor.

Gaiarsa nunca quis fazer Escola, nem se colocou como Instituição. Fazia contatos pessoais e acreditava na influência que pessoas tinham entre si, cada uma em seu escopo, digerindo e assimilando o que de interessante ou necessário tivesse para si em cada momento da relação. E, desses encontros, cada uma seguiria seu caminho...

Era um estilo bastante particular de ser mestre. Forte, persuasivo, apresentava com paixão suas teorias, mas deixava espaço para que cada um seguisse as próprias ideias.

A maior prova disso está na observação de seu legado, tão múltiplo e em tantas áreas diferentes. Cada um de seus discípulos (assim chamo todos os que por lá passaram, em maior ou menor exposição a ele) tinha seu estilo, seu "cacoete", suas preferências, e seguiu rumos muito diferentes, sem instituição nenhuma que lhes formatasse uma maneira de ser ou agir. "Agir como o mestre", tinha dito – ou pontuara –, seguramente não era seu orgulho nem seu estilo. E, olhando retrospectivamente essa atitude, esse estilo de ser "mestre" permitiu o advir de uma geração de profissionais de peso em várias áreas.

Nesse sentido, este testemunho e esta visão autenticamente apresentados me passam um primeiro ensinamento, importante na minha formação: sobre a natureza e o poder na relação terapêutica. Desmistifica o poder clássico da classe médica sobre os clientes. O médico que sabe tudo e diz sobre o outro. O saber pontificante... Tendo quebrado esse paradigma, coloca as relações humanas como verdadeiras trocas democráticas, em que não há desnível de poder.

Para mostrar seu ponto de vista, falava da distância e da proximidade entre terapeuta e cliente, aludindo à tradicional mesa que separa os pacientes de seus médicos. Da pompa das cadeiras e estantes cheias de livros... Imagem até um tanto estereotipada, mas que simboliza todo um paradigma: o de como os terapeutas assumiam uma atitude de saber sobre o outro, julgá-lo e, sobretudo, interpretá-lo... atitudes essas que propiciam distância, e não encontro. E Gaiarsa advogava o encontro. O encontro entre pessoas que trocam, que se influenciam, que interagem. Esse modelo quebra um tipo de relação de poder, baseado em elementos externos – o conhecimento, os cargos, os títulos –, e não se orienta por elementos intrínsecos das pessoas envolvidas – quem cada um é de fato.

Hoje, com o advento de novas terapias somáticas, essa questão foi mais elaborada e amadurecida, e minhas colocações podem parecer óbvias, mas na ocasião representavam uma nova forma de estar no encontro terapêutico. Isso me significou muito e logo me pôs em xeque quanto à minha atitude de "desvendar o inconsciente" advinda de práticas interpretativas, baseadas nas correntes psicanalíticas... As verdadeiras alavancas comportamentais que "eu" julgava corretas...

A "perda" dessa posição requeria outro *setting*, outra forma de relação, na qual o terapeuta ficava mais exposto e não podia se esconder em suas "prerrogativas", e o contato humano se fazia supremo: o mais importante era o potencial de troca real entre as pessoas, num verdadeiro sentido humanista.

Assim, os encontros terapêuticos se faziam como propostas relacionais, interativas. O que temos para nos influenciar? Para trocar? Para compartilhar em nossos processos? Processos esses que eram propostos tanto para os clientes como para os terapeutas. Um outro tipo de postura para o trabalho...

Essa atitude abriu um campo para eu mudar o meu entender sobre o "estar com alguém". O foco da relação terapêutica passou a me incluir de forma simétrica, postura essa mais ampla na percepção e na dinâmica do encontro entre duas pessoas... Um novo "sabor verdade" se instaurava na minha postura clínica. Desafiante pela transparência, mas algo a se praticar.

Logo veio a revisão dos conceitos de transferência e contratransferência herdados da psicanálise – os quais, no contexto da abordagem corporal, precisavam ser revistos. As novas técnicas que incluíam toque traziam o terapeuta para um contato direto, concreto, com o cliente e abrangiam um tipo de troca de informações não presente no contato verbal, dada a riqueza possibilitada pela percepção sensorial, pela possibilidade de ressonância e de captação de informações pelo próprio corpo. Já no contexto psicanalítico, transferência e contratransferência se viam como projeção de sentimentos próprios no outro, mas no contexto da abordagem corporal a relação era concreta, e as emoções advindas eram diretas e poderiam misturar-se com as projeções de ambos os lados. Isso requereria uma postura terapêutica mais clara, em que o comportamento e as emoções do terapeuta precisavam ser assumidos, muitas vezes discutidos e usados como instrumento de trabalho abertamente. Além disso, a discriminação da "realidade" *versus* a fantasia, projeção, mereceriam explicitação de pessoas maduras e centradas. Mal utilizadas, serviam para o terapeuta esconder-se, sair da relação ao invés de participar dela. No estilo "gaiarsiano", valor igual era dado às emoções tanto do cliente quanto do terapeuta.

Uma vez tendo percebido essa perspectiva, já não mais me servia nenhuma outra posição a não ser essa descrita. Como terapeuta corporal, o universo de informações multissensoriais disponíveis era de uma riqueza ímpar, muito além da dimensão emocional. Não havia mais volta... Desnudado e exposto a mim mesmo, minha clínica começava a se transformar...

Eu vinha de uma perspectiva junguiana, com acessos à simbologia individual e coletiva, e me interessava profundamente pela conexão psicossomática, pela relação mente-corpo. Tendo ido de estudos sobre Jung para Reich, que enfatizou o corpo na psicodinâmica, o encontro com Gaiarsa me foi muito fértil, uma vez que ele estudara profundamente esses dois autores e essas duas vertentes.

Sua incursão no trabalho de Reich lhe criou uma paixão pelos músculos, pelo sistema muscular, suas funções e a integração com os demais sistemas, sobretudo o nervoso. Buscava leituras que integrassem os aspectos tanto somáticos quanto psicológicos. Interessava-se pelas funções psicológicas que a musculatura exercia. Ficou fascinado inicialmente com a couraça muscular do caráter e, eventualmente, com a função orgástica. E nosso convívio com ele vinha carregado dessa paixão, dessas descobertas.

Depois de entender a natureza da couraça muscular do caráter, especular teoricamente (veja *Couraça muscular do caráter*, entre outros) e trabalhar com o modo como essas couraças aconteciam, gerou uma infinidade de maneiras de "dissolvê-las", de resgatar a fluência energética do corpo e sua capacidade orgástica.

A potência inerente para o prazer *versus* a condição de imobilidade (*A estátua e a bailarina*) tornou-se mote diretor de sua vida pessoal e profissional. Essas maneiras de lidar com as fixações musculares e atitudinais iam de formas de leitura destas, de conduzir o cliente a entrar em contato com o significado de seus padrões em si próprio até as muitas maneiras de dissolvê-las pelo movimento e pelo toque, do gentil ao mais forte, bem como a exploração da sua qualidade afetiva.

Fizemos exploração das nuanças e diferentes naturezas de diversos tipos e intenções no toque, sempre correlacionada à experiência emocional advinda desses contatos e ao seu uso para o desenvolvimento psíquico dos envolvidos. Isso acontecia num momento em que o toque, sobretudo no contexto terapêutico, era tabu, sempre sexualizado, e o contato físico era generalizado ou reduzido a uma interpretação sexual. O laboratório, o consultório, experiências diversas... Pessoalmente, em meu processo, eu sonhava com minha "liberação". Usava cada encontro nos grupos ou nas sessões particulares como uma oportunidade de abertura, de "des-repressão". Buscar a verdadeira "intenção" dos gestos reprimidos e da sexualidade verdadeira de cada um e sua própria expressão era um tema presente na cultura e na contracultura dos anos 1970, época da ditadura militar e da liberação sexual, pré-aids... E essa exploração passava pela liberação sexual, dada a própria natureza dos conceitos reichianos e seu desenvolvimento por Gaiarsa, que ao longo da vida escreveu inúmeros livros a esse respeito (*Sexo, Reich e eu, Poder e prazer, A juventude diante do sexo* etc.).

Lá, aconteceram muitas discussões sobre o tema. Buscava-se encontrar posições autênticas, verdadeiras, congruentes com a essência de cada pessoa. E havia espaço para tal. O respeito ao humano e às suas opções era atestado autenticamente nesses grupos de formação. E, daí, o enfrentar a sensualidade e a sexualidade no encontro clínico, o tema tabu, tema preconceito, mas aspecto inevitável nesse contexto, uma vez que se propunha a exploração do encontro. Sem limites, ou com limites conscientes e escolhidos. Era fácil chegar à perda de limites por conta dessa exploração, exploração que permitia o desenvolvimento das pessoas que se aproximavam e encaravam de verdade a questão existencial, teórica e profissionalmente.

Pelo menos assim o foi na minha experiência, na qual existiu uma exploração pessoal e também uma inclusão desse tema na clínica, o que me obrigou a encontrar uma posição que não era de negação, mas definia os parâmetros profissionais desses encontros. Muita angústia nessa época... Sem dúvida a proximidade do toque com a sexualidade, aliada à nova relação de poder proposta, deu o que pensar e fazer até o amadurecer de posições éticas, teóricas e práticas consistentes. E esse processo não se reduzia ao meu caso pessoal, mas também encontrava reverberação social, uma vez que o trabalho com toque batia nos conceitos e preconceitos vigentes. Era um "encontrar-se" comigo mesmo e com uma sociedade questionadora... Íamos do teórico ao experimental e, a seguir, transpúnhamos os novos conhecimentos e questões para o consultório.

Nos contatos com o Gaiarsa, nos grupos ou em visitas individuais, conversávamos, trocávamos e nos supervisionávamos também. Foi se criando uma gradual transformação na direção do entender a psicologia de abordagem corporal, suas dimensões holísticas e seus desafios.

Foi em meio a esse maremoto que apareceu o Rolfing na minha vida. Também por intermédio do Gaiarsa, que trouxe da Califórnia, berço do Human Potential Movement [Movimento do Potencial Humano], Jim Hriskos, grego de nascimento. Trabalhou com 20 pessoas no Brasil, sendo eu uma delas.

Rolfing, uma proposta holística, um trabalho de integração estrutural, com metodologia bastante organizada. O Rolfing usa o toque no tecido conjuntivo frouxo, nas fáscias, e o movimento como entradas para o indivíduo. Sua proposta é um processo de alinhamento dos elementos da estrutura humana (relações entre partes do corpo) na gravidade. Trazia dois pontos de vista novos – a maleabilidade e a plasticidade da fáscia e o poder da gravidade no arranjo da estrutura humana. Gaiarsa também tinha prestado muita atenção a este fato: a influência da gravidade no nosso arranjo muscular e atitudinal. O lidar com o inexorável "medo de cair", nossa relação com a terra...

Fascinado por ambos, toque e movimento, tal experiência me levou a estudar esse ponto de vista e metodologia nos Estados Unidos, assim como a incorporar tudo que tinha vivido e aprendido no convívio com Gaiarsa ao meu futuro profissional.

Segui no Rolfing, em que o psicológico ficava ao largo, como uma dimensão implícita, numa proposta holística. O processo de organização e relação da estrutura humana na gravidade dissolveria as restrições de natureza psicológica e automaticamente levaria à liberdade e fluência...

Gaiarsa transcendeu Reich quando apontou que a função da couraça muscular do caráter e dos músculos nela envolvidos não se limitava à inibição e mediação de impulsos, mas abarcava também a constituição da estrutura psicológica da pessoa, discorrendo sobre a formação e transformação de atitudes fisiopsíquicas e da própria identidade do indivíduo.

Daí Gaiarsa passou para a expansão do conhecimento sobre propriocepção e seu papel na formação humana. Músculos que, acionados, produziam sensações; e sensações que eram a base da identidade da pessoa. As muitas fibras, unidades musculares, sua coordenação, discriminação e potencial de produção de sensações, que, percebidas inconscientemente ou mesmo conscientemente, montariam o mapa do indivíduo, sua flexibilidade e adaptabilidade – o esquema corporal, base da imagem corporal, hoje chamada de "imagem do corpo". Outra vez, a combinação do sensorial com o afetivo na formação da identidade. E a riqueza das possibilidades de expressão emocional, ancoradas em coordenações, representadas pela miríade de possibilidades contráteis das fibras musculares fazendo arranjos que representariam expressões de emoções com possibilidades infinitas.

Simultaneamente, vieram o desenvolvimento e a criação de metodologias para utilizar essa característica básica da ação muscular e afetiva. Gaiarsa trouxe um novo escopo e uma nova linguagem para a psicologia de abordagem corporal, elaboração essa vivida, experimentada até suas últimas consequências, por ele mesmo e por seus discípulos e alunos.

Esse corpo teórico sobre biomecânica e psicomotricidade tomou volume e forma e combinava o trabalho clínico, terapêutico, com o pedagógico. Porém, simultaneamente, ao trabalhar as couraças e seu desenvolvimento (des-envolvimento, como gostava de brincar com o sentido da construção das palavras) – pelos muitos métodos, que iam do toque a brinquedos de equilíbrio, trapézios, jogos experimentais que visavam propor desafios e mobilização do sistema muscular e suas unidades –, esse trabalho era também pedagógico para o próprio sistema muscular, aproximando-se da nascente psicomotricidade e... já a reinterpretando.

Em última análise, criava essa abordagem que era pedagógica e clínica, porque, ao mesmo tempo que ensinava o sistema muscular e desembrulhava as contrações musculares, desmanchava as couraças e propunha novo movimento físico e psíquico à pessoa. Isso me tocou muito pessoalmente. Qual é a linha divisória entre a clínica e a pedagogia? Como se complementam e se retroalimentam? São a mesma coisa? Mais uma vez, minha formação original era expandida por novos parâmetros...

O trabalho do Rolfing trilhava caminhos paralelos, com explicações teóricas ligeiramente diferentes, mas a experiência com Gaiarsa me levou a imediatamente estar pronto para mergulhar num paradigma em que a abordagem somática se fazia integrada, incorporada à compreensão do psiquismo. Uma só coisa, leituras com perspectivas diferentes.

Assim, o trabalho com Rolfing já nasceu, para mim, como processo de desmanchar de couraças musculares, com efeito holístico, e a busca do centro, da organização vertical da estrutura corporal, levava profilaticamente à organização do psiquismo, mostrando uma dimensão do trabalho com a evolução humana. Uma estrutura mais organizada em relação a seu centro proporcionaria maior equilíbrio, organização muscular equilibrada, propriocepção mais rica, o que por sua vez reverberaria na organização psíquica da pessoa. Tudo o que Gaiarsa falava. Uma teoria da personalidade baseada na relação do indivíduo com as forças físicas – no caso, a força da gravidade. Gravidade era conceito central para as duas teorias. Citando-o: "Toda posição (atitude) é oposição – à queda!" (*Meio século de psicoterapia verbal e corporal*).

O educacional e o pedagógico provenientes da visão de Gaiarsa se casavam com as experiências possíveis advindas da liberação e estruturação do corpo, com sua consequente passagem "automática" para a vida emocional e as estruturas psicológicas da pessoa, oriundas da teoria de Ida Rolf.

Assim, com essa junção de conceitos, segui pela clínica e, eventualmente, pelo ensinar Rolfing.

Eu, mesmo já no Rolfing, e Gaiarsa continuávamos em contato. Em nossas conversas, ele não entendia por que Ida Rolf não falava muito no valor dos músculos, mas ressaltava o valor integrativo que a fáscia tinha na formação e na alteração da estrutura fisiopsíquica humana. Hoje, com o conhecimento científico que temos sobre a fáscia e sua relação com a musculatura voluntária e involuntária (sabemos que ela se apresenta como órgão mediador físico e emocional, veloz transmissor de informações), essa conversa teria mais capítulos, que eu bem gostaria de ter tido com o mestre...

Ida Rolf foi pioneira no estudo da fáscia. Trouxe a noção que hoje em dia a ciência está desenvolvendo sobre seu valor e papel*. Desenvolveu metodologia para se trabalhar nela. Os músculos, ao encontrarem relação mais equilibrada, mudariam seu tônus. Aí viria a transformação da couraça muscular do caráter...

Quando fiz o curso de Rolfing, em 1981, isso coincidiu com o momento em que escrevia minha dissertação de mestrado em Psicologia na USP, e tratei do seguinte tema: *Contribuições do pensamento e obra de Ida P. Rolf para o trabalho com postura em psicologia*. Gaiarsa era o contraponto dessa reflexão, representando o que de mais moderno existia na abordagem corporal em psicologia. Seus conceitos foram citados e discutidos nesse trabalho.

Abria-se um diálogo entre nós que durou até sua morte. Caminhos paralelos e complementares. Ele mesmo reconheceu seu valor em várias de suas obras, descrevendo tanto a experiência que teve ao ser meu cliente como o valor do Rolfing na liberação das couraças musculares e na formação do psiquismo (*Reich 1980, Couraça muscular do caráter*).

---

* Para mais informações, veja www.fasciacongress.org ou www.universidadedafascia.com.

A coisa não parou aí... Mudam-se a estrutura, a forma, a estrutura organizada equivale à função econômica, física e emocionalmente... O Rolfing, como abordagem holística, apresenta várias formas de leitura e de acesso à pessoa. Todas elas conversando entre si, uma influindo na outra, mas pontuando entradas diferentes ao ser – e utilizando-se de técnicas específicas.

Assim, a integração da estrutura da pessoa na gravidade pode acontecer por técnicas de manipulação, pelo toque direto ou indireto no tecido, que pode mudar seu potencial de movimento e consequentemente sua experiência afetiva, consciente ou inconsciente da pessoa, suas atitudes, seu modo de viver e experimentar o mundo. Mas pode-se ainda entrar de outra forma, e, ao se trabalharem os padrões de movimento baseando-se na relação do corpo dinâmico com a gravidade, a organização da respiração, da coordenação motora, mudar a estrutura e também a experiência emocional de alguém. Ou, ainda, ao se endereçar a consciência dessa pessoa, suas emoções, visão de mundo, o significado de um padrão, chegar ao corpo que se move e se reorganiza na gravidade.

A couraça muscular do caráter era para Gaiarsa importante sobretudo pela noção de atitudes pré-organizadas, já formatadas no corpo da pessoa, limitantes e predizíveis quanto ao seu comportamento e experiência emocional. Esse mesmo conceito foi desenvolvido no Rolfing tanto na abordagem funcional pelo movimento como na abordagem psicobiológica, como a leitura do "pré-movimento", da organização funcional da pessoa e de seu significado, em que a transformação deste se fazia metodologicamente pelo trabalho com seu sistema de percepção, e por sua consciência, e isso atingindo a organização da fáscia e a relação da pessoa/corpo na gravidade. A leitura, o acesso e a reorganização dos padrões de uma pessoa, e... em todas as suas múltiplas dimensões... Citando-o: "[...] Nosso modo de parar em pé e manter equilíbrio é a melhor experiência subjetiva – permanente – de nossa individualidade [...]" (*Meio século de psicoterapia verbal e corporal*).

Gaiarsa falou de todas essas relações, e isso me ajudou a organizar e a participar da evolução do Rolfing, da explicitação das teorias e práticas ligadas ao acesso pelo toque, pelo movimento, bem como das psicobiológicas. Ajudou-me ainda a compreender como são uma só coisa, porém instâncias diferentes da experiência humana.

Mais uma vez escrevo neste texto: Gaiarsa estudou, falou, fez e aconteceu... Mas não poderia ser de outra forma. Gaiarsa pioneiro... antenado... estudioso...

Assim, ajudei, por meio do que aprendi com ele, a formatar e organizar a escola de Rolfing no Brasil, onde se fez um trabalho pioneiro de integrar os aspectos estruturais, funcionais e psicobiológicos de sua abordagem. Essa escola brasileira teve influência imensa nos currículos do Rolfing, e Gaiarsa aí se faz presente... Eu sentia que precisava explicitar e expandir a dimensão psicobiológica do Rolfing, metodologia que tinha tantos efeitos na vida emocional da pessoa. Então voltei para a academia, de onde tinha saído ao terminar minha dissertação de mestrado.

Fiz minha tese de doutoramento na PUC-SP em 2006, pontuando essa integração de estrutura/movimento/psiquismo e os efeitos do trabalho do Rolfing na dimensão psicobiológica do ser. Intitulou-se *Estudo exploratório da dimensão psicobiológica do método Rolfing de integração estrutural: criação, desenvolvimento e avaliação de questionários*. E, outra vez, Gaiarsa foi a referência principal para apontar essas correlações psicofísicas e que alavancaram o trabalho.

Tive o prazer de tê-lo presente na audiência nesses dois momentos acadêmicos e, assim, poder prestar minha homenagem a meu mestre – não acadêmico, mas que, por meio de mim, pôde receber das bancas e da audiência suas palmas! Autor desse porte e valor presente na audiência! Uma honra para todos.

Outra "volta" acadêmica que aconteceu foi quando eu, ainda professor universitário, concebi o que veio a ser o famoso "núcleo 28" para o novo currículo da Faculdade de Psicologia da PUC-SP, em 1981: convidei vários dos discípulos do Gaiarsa para elaborarmos um núcleo de prática clínica em abordagem corporal. E levamos o mestre, por meio de seu trabalho e de seus discípulos, a ocupar esse espaço acadêmico mais uma vez.

Ele sempre se queixava de falta de um reconhecimento maior de suas contribuições. Como se soubesse de seu valor, o atestasse, e que ajudava os outros e pouco recebia em troca, sobretudo do ponto de vista do *establishment*. Também reclamava de não ter sido traduzido e transposto fronteiras...

Nas apresentações internacionais que fiz em congressos sobre meu trabalho, sua origem e desenvolvimento, Gaiarsa sempre esteve presente e, toda vez que o citava, eu apresentava algum *slide* ou quadro de PowerPoint. Vinham-me um engasgo, lágrimas, e a apresentação ia mais lenta até eu conseguir me recompor... Foi um pouco do que pude lhe dar como reconhecimento, ante o muito que dele recebi...

Como bom guerrilheiro, criticava o estabelecido para fazer alavanca e poder pontuar suas colocações. Ou seja, defendia-se antes de ser atacado, e usava essa energia para atacar com mais ferocidade e ênfase, colocando-se.

Ao longo desses anos todos de vida pública, e ativo em tantos campos do conhecimento e da experiência humana, vi Gaiarsa se relacionar com montes de gentes.

Sabia pôr limites, sabia acolher, sabia ser sincero.

Muitas vezes também não via bem o outro e provocava "hecatombes", ou por falar para quem não queria ouvir ou por não perceber para quem falava – ou, ainda, por ser possuidor de visões de vanguarda e ter de lutar para fazê-las ser percebidas, o que lhe gerava também uma "atitude", uma couraça, um pré-comportamento.

Há pessoas que têm as melhores recordações dele pelas portas que lhes foram abertas e as que o têm como Satanás pelas experiências pioneiras, congruentes teoricamente, mas que deram com os burros n'água.

Seu trabalho clínico tinha resultados surpreendentes. Havia algo de "mágico", intuitivo em sua postura... inesperado, audaz, perspicaz, às vezes trazia a dose de reconhecimento ou uma sugestão arrojada que representaria algo profundamente transformador para seus clientes. Experimentei isso pessoalmente e recolhi muitos relatos dessa natureza ao longo do tempo. E também ouvi o oposto...

Gaiarsa juntava pessoas dos mais variados tipos, que tinham em comum a exploração, o descortinar, o abrir de novas estradas. O fascínio pelo que se abria.

Muita gente não teve estofo para segui-lo e caiu em críticas pseudointelectuais, mas que, na verdade, representavam racionalizações para o medo, o medo de se ver, de experimentar. Essas pessoas se escondiam nesse universo de críticas.

Nosso contato seguiu-se pelos tempos. Visitas, conversas, novidades, discussões teóricas, trocas de conteúdo dos trabalhos que estávamos fazendo naquele momento... seu último livro, minha última apresentação, nossas últimas namoradas... Como cliente, já mais velho, quando seu joelho começou a dar-lhe trabalho demais, fizemos uma série de sessões, em que ele relatava seus cuidados e práticas corporais e dizia que vivia sua teoria, que diariamente mexia todas as articulações, explorando suas sensações e possibilidades de movimento, deixando vivo o prazer em seu corpo.

Sua lucidez era impressionante, e, agora, quando olho para trás, vejo como ela já era presente em toda a sua trajetória – o que justifica muitos dos entraves por que passou nas relações individuais e sociais e o brilho que iluminou o caminho de tantos. Estava à frente...

Num último telefonema, me disse: "Pedro, se quiser me ver, venha logo, porque estou morrendo..." E assim foi: passei por lá numa sexta-feira, vi-o bem, não entendi sua frase. Ele morreu na terça-feira.

7.
Gaiarsa, o terapeuta

DAISY SOUZA[*]

Quando conheci o Gaiarsa, corria o ano da graça de 1968. Ano do Macaco. Como sói acontecer nesses anos, 1968 foi também de grandes manifestações. E tornou-se emblemático justamente por isso.

Essas manifestações prenunciavam grandes transformações e eram a expressão do caldeirão de reivindicações mal atendidas, descontentamentos, "mal-estares na civilização" de uma juventude principalmente francesa. No Brasil, experimentávamos outra volta do torniquete (alô, Henry James!) cada vez mais apertado da ditadura militar com o AI-5. O movimento operário, a juventude universitária e também os estudantes do ensino médio – o famoso movimento estudantil – também contestavam. Em 1968, portanto, as coisas ferviam. No Brasil e no mundo. No Brasil, muita gente presa, morta, nos porões da ditadura, no mais das vezes torturadas.

[*] Socióloga e psicoterapeuta.

Foi também o ano do lançamento do primeiro livro do Gaiarsa, *A juventude diante do sexo*, que era, em suma, a interpretação dos resultados de uma pesquisa com jovens realizada pela revista *Realidade*, dirigida à época por Paulo Patarra. Ao nos apresentá-lo um dia, Gaiarsa acrescentou jocosamente: "Este é o diretor da *Realidade*"... Para destacar o "poder" da pessoa. Dirigir a *Realidade* naquele momento era quase impossível. Nem Deus!

O mundo encontrava-se dividido em dois: o lado socialista era capitaneado pela União Soviética; o capitalista, pelos Estados Unidos. Era a chamada Guerra Fria. Todos os países perfilavam-se com um ou com outro. No nosso caso e em vários outros, "na marra".

A ditadura militar no Brasil e na América Latina era a expressão externa dessa divisão, e apenas uns oito anos depois, com o aparecimento do livro *O golpe começou em Washington*, de Edmar Morel, "soube-se" do fato. No meio dessa divisão do mundo, para o "gáudio" da humanidade – amarrada e atarantada –, havia a bomba atômica, que, se lançada por um lado ou por outro, acabaria com ambos.

A aparentemente longa explanação histórica e sociológica dessa fase é necessária para que compreendamos melhor em nossas plagas o fenômeno Gaiarsa.

Na rua Araújo, perto da Praça da República e ao lado do Teatro de Arena, palco de muitas batalhas, o consultório do dr. Gaiarsa. Homem muito bonito e maduro, expressão de que ele gostava muito – maduro. Um senhor – aos olhos da minha idade. Ele se vestia como um senhor "distinto". Palavra da época. De faiscantes olhos azuis, argutos e curiosos, com uma expressão fixa de adolescente tímido e apaixonado que evidentemente só vi depois.

Num primeiro momento, ele só dispôs a mim e às minhas colegas em três grupos diferentes. Ele nos recebeu muito informalmente, mas com cara de poucos amigos. Não confiava muito – acho –, assim, de cara, naquelas estudantes da USP. Quanto aos olhos de adolescente tímido e apaixonado, eu soube depois, tratava-se de uma inibição. Uma expressão fixa representa um movimento parado. Portanto, uma inibição. Soube também que, se há a expressão, há também a possibilidade de uma realidade. Isto é, havia mesmo nele um adolescente. Tímido e apaixonado, encantado pelas mulheres em geral. Soube por ele.

Uma das frases mais emblemáticas do Gaiarsa, nesses primeiros tempos, era: "Mais importante é a revolução que está se fazendo". Na faculdade, nós queríamos a revolução. Todo mundo ansiava por ela.

"Revolução" era um termo um tanto quanto vago, mas com certeza designava a revolução socialista. Gaiarsa falava na revolução que já estava acontecendo. Essa, realmente, era muito mais difícil de ser vista, principalmente porque estava na nossa cara. Estávamos no meio dela. E nos debatíamos porque, afinal, estávamos vivos. Nós a estávamos vivendo, porém sem plena consciência disso. E era o que explicava em grande parte as angústias e tudo mais que pudéssemos sentir naquele momento.

Gaiarsa chamava a atenção para ela, que consistia principalmente numa contestação dos valores estabelecidos até ali. Uma revolução cultural. Uma revolução dos costumes. Ninguém queria mais a família do jeito que era; as mulheres se conscientizavam e lutavam contra o cinto de castidade que lhes fora impingido havia séculos, com o tabu da virgindade.

Todos os relacionamentos e instituições que haviam "funcionado" estavam em xeque. Ninguém queria mais. O casamento tradicional estava começando a ficar fora do prelo. A família, principalmente, e os filhos "automáticos" estavam ameaçados. Na época, havia uma expressão popular muito em voga: "Quem pensa não casa". Com efeito. Porque a ordem era casar e ter filhos como um mandamento divino. Profundamente envolvido com as grandes questões sociais da época, Gaiarsa era o arauto de um mundo novo que estava por vir – que viria!

O consultório do dr. Gaiarsa na rua Araújo era um refúgio, um refrigério. Um *bunker*. Lá fora, a guerra. Ali dentro, respirava-se o ar que talvez pudéssemos respirar um dia. Haveria esse dia? Era o que nos perguntávamos. E o dr. Gaiarsa ensinava. Inteligentíssimo. Dono de uma gargalhada exuberante, solar e poderosa – replicada na parede por um Cristo bacante. Seus olhos azuis faiscantes, de menino tímido e apaixonado, lhe conferiam um certo ar de sedução. Discreta, porém gritante.

Dr. Gaiarsa nos preparava para uma guerra muito maior que seríamos capazes de viver nesse mundo. Nesse tipo de mundo. Nessa realidade.

Ficávamos sabendo que Wilhelm Reich – criador do corpo no método terapêutico em psicologia, de que Gaiarsa era introdutor no Brasil – era alguém absolutamente revolucionário, que havia sido expulso de vários países. Que havia militado no Partido Comunista alemão à época de Hitler.

Gaiarsa mostrava quanto a nossa neurose de cada dia era fruto da alienação e da repressão.

Crítico feroz da família monogâmica compulsiva – a família da época –, ensinava-nos o que era ela. Na verdade, a família tinha um poder incomensurável. Era a instituição por excelência. A que tinha a maior influência na educação e na vida das pessoas. E praticamente a única. A família nuclear urbana, composta de quatro a cinco pessoas, na maioria, significava que quatro a cinco pessoas formavam a sua personalidade e tinham como função contê-la para sempre.

A repressão sexual era um fato, o que podia tornar a família, a casa, um cadinho neurótico. Um Nelson Rodrigues. Mais tarde, cheguei a ouvir descrições como: "O sexo escorria pelas paredes da casa". Alijado de sua função natural, o sexo encontrava-se nos lugares mais inusitados. É dessa época *Peyton Place*, de Grace Metalious, romance americano que ventilava o assunto. O nome em português, *A caldeira do diabo*, ilustra bastante o que estamos dizendo.

Houve também o caso do assassinato do padrasto por uma adolescente de 14 anos, filha de uma atriz hollywoodiana famosíssima. São exemplos singulares e pontuais que alertavam para o fato de que nem tudo eram flores no reino da fantasia da representação da família.

O modelo familiar era de tal forma ideal que cada um, da janela do seu quarto, olhando para a lua, poderia talvez inferir quanto a dela diferia e distava. A influência da família era inconteste. Havia também a escola, mas esta era para poucos. Os universitários representavam 1% da população brasileira. E o Brasil era "subdesenvolvido, subdesenvolvida – esta é que é a vida nacional", como dizia o famosíssimo hino da União Nacional dos Estudantes (UNE).

Os meios de comunicação de massa eram incipientes e ainda carregavam uma virulência perfeitamente controlável. Ruim, porque não conseguiam apresentar modelos alternativos de ser e de se comportar, como conseguiram depois. E esses modelos, mesmo alienados, poderiam ter representado um "dessufoco" (passe o neologismo).

Assim, os modelos de ser e de se comportar eram dados quase exclusivamente pela família. Esta era, portanto, a instituição por excelência, cantada aos quatro ventos como a maior maravilha do mundo. As pessoas sufocavam em seus lares. E sorriam na rua. Era necessário preservar a ilusão. A distância entre o que era e o que deveria ser (realidade e idealização) se pavimentava pela hipocrisia e pelas "aparências". Muitos casamentos se mantinham por anos para preservar "as aparências". "A família de que falamos e a família de que sofremos" – frase clássica do Gaiarsa para o fenômeno.

Éramos cegos como sociedade. Não conhecíamos o nosso vizinho, a pessoa mais importante de nossa vida. "O que é que os vizinhos vão dizer?" é uma tônica da época. Os vizinhos eram nossos principais juízes e algozes. "Controlavam o nosso comportamento." Gaiarsa trata desse assunto no livro *Tratado geral sobre a fofoca – Uma análise da desconfiança humana*.

Uma sociedade em que todos vigiam todos, para ver se todos estavam cumprindo direitinho os preceitos ideais da família e da sociedade, é necessariamente uma sociedade paranoica? É uma réplica do que acontecia geopoliticamente com a Guerra Fria? É paranoica? Pergunta.

No entanto, a hipocrisia e as aparências nas relações sociais cumpriam uma função necessária de dessufoco. Sabedores todos de que a sua família tinha alguma falha em relação à família ideal – se você se apresentasse como o campeão do ideal da família, tudo bem... passava... A hipocrisia decorria também desses acertos, desses contratos. Que, como eram não escritos, podiam parecer inscritos nas estrelas. Uma pessoa podia ser isolada dentro da própria família se não cumprisse os preceitos ideais. Ela era uma pedra no sapato. A ovelha negra. E poderia sofrer todo tipo de sanção negativa – o que talvez a estigmatizasse para sempre. Dentro e fora de casa. Dentro e fora da família.

Aqui, duas perguntas se impõem:

1. Por que as pessoas "aderiam" a esse tipo de sociedade? Em primeiro lugar, e definitivamente, porque eram formadas dentro dela, e a punição para quem infringisse as regras podia ser fatal. "A estrutura social se mantém pela renúncia que cada um faz de si mesmo" – resposta do Gaiarsa.
2. Que tipo de indivíduos seriam formados por essa sociedade? Em princípio, divididos, confusos, culpados, amedrontados, desconfiados. Esquizofrênicos e paranoicos? Esquizofrênicos e paranoicos. Passem os palavrões, como diria o Gaiarsa.

Constituíam "crimes" contra a estrutura vigente perder a virgindade antes do casamento, ser mãe solteira, ter filhos que não fossem do marido, ter mais de um parceiro sexual durante a vida. Notemos que, não por coincidência, talvez todos eles incidem sobre a mulher. A elas cabia ficar "dentro de casa". Escravas e muito poderosas ao mesmo tempo (metade vítima, metade cúmplice – Sartre), "rainhas do lar", catalisavam seu maior poder na função de mãe. A mãe era "sagrada" e tinha um papel imponderável e fundamental na educação e na vida dos filhos. As mães constituíam, assim, um dos principais sustentáculos dessa estrutura (sem o saber, no entanto).

Crítico contumaz das mães, Gaiarsa redimiu-se depois com a proposição do "partido das mães", cuja principal função seria a conscientização da sua incomensurável influência na educação e na vida dos filhos. Gaiarsa investia aí contra uma pedra angular da sustentação da família. E do sistema.

Investia, portanto, como já observamos até aqui, contra a família, o casamento e a "sacralidade" das mães – em alto e bom som. (A sacralidade das mães, em um segundo olhar, possamos talvez considerar um mecanismo compensatório do sistema para se conservar. Há muitos, nos diversos sistemas...)

Iconoclasta a esse ponto, mesmo assim Gaiarsa angariou grande aceitação popular e notoriedade principalmente por meio de suas aparições em programas de rádio e TV, onde exercitava seu lado midiático.

No consultório da rua Araújo, pudemos observar, portanto, que os problemas psicológicos não eram psicológicos, eram sociais.

Nesse contexto descrito até aqui, num projeto de reengenharia social, uma das saídas geracionais encontradas foi a testagem. Como rejeitávamos e renunciávamos aos "mandamentos" vigentes, a saída foi a testagem de limites. E, se rejeitávamos os limites impostos, quais seriam os novos limites? Nessa busca, muitos se perderam para sempre, outros se encontraram e outros ainda se perderam e se reencontraram. A época definitivamente era de experimentação.

Gaiarsa, de algum modo, liderava esse processo e estava ele mesmo envolvido nele. A obra e os ensinamentos do dr. Gaiarsa, assim como os de Reich, nos mostravam que os problemas psicológicos iam além dos achaques individuais. Para além das aparências e dos peitos apertados, abafados e confusos, grandes pilares de sustentação da pantomima vigente, Gaiarsa propunha duas abordagens básicas: ver e respirar. Ele nos ensinava que podíamos ver. Ele nos ensinava a ter confiança no que víamos. Ele nos exortava a ver o que estávamos vendo. Para isso, um de seus maiores ensinamentos é: "o inconsciente é visível". Criticada por uns e manipulada por outros, essa assertiva significava "aquilo que está dentro de casa", no contexto que vimos observando neste texto.

O que você não mostrava a ninguém, nem a si mesmo, num passe de mágica, aparecia em você, no seu olhar, na sua voz, na expressão do seu corpo. Estava lá. E o impedia de viver a vida atual. Vida é fluxo, momento, movimento. É dança. Expressões paradas, fixas, inibições antigas, não (*A estátua e a bailarina*). Essa já é uma decodificação para a "couraça muscular do caráter", de Reich – sentimentos antigos jazem escondidos (e mostrados) nos músculos, por meio da expressão corporal da pessoa. Isso aparece bastante em *A estátua e a bailarina* –, no qual Gaiarsa explicita grandemente seu método terapêutico. Função e resgate do ver e do ser visto, num mundo regido pela ilusão (de óptica!), por aparências e modelos ideais.

Os estudos sobre a respiração, praticamente inéditos até então no âmbito da psicologia e dos métodos terapêuticos em psicologia, nos ensinavam que podíamos ter um peito mais livre. Não necessariamente deveríamos ficar presos às amarras que sustentavam uma estrutura social que rejeitávamos, que não nos comportavam – ou, em outras palavras, que também nos rejeitavam. Todos excedíamos os seus limites, nós os transbordávamos, mas tínhamos de esconder o fato, guardar... Em nome do quê, mesmo?

Os lares, as famílias fabricavam peitos apertados, angustiados, abafados, que respiravam mal ou que mal respiravam.

Essas questões são ventiladas principalmente em *Respiração, angústia e renascimento*, no qual ele faz o estudo do movimento e da história da respiração de grandes artistas, principalmente surrealistas, por meio de suas pinturas.

Vou destacar aqui um dos quadros analisados: "O terapeuta", de René Magritte (1941). O peito do terapeuta é uma gaiola aberta. Mostrando que ele pode, enfim, respirar livremente. Assim, o Gaiarsa.

8.
Gaiarsa: coragem de ser

REGINA NAVARRO LINS*

Fernanda Carlos Borges: Regina, quando e como você conheceu o Gaiarsa? Como soube que ele existia?

Regina Navarro Lins: Se não me engano, soube que ele existia pelos livros dele, porque depois ele também teve um programa na TV Bandeirantes, de manhã, em que respondia a perguntas. Fiquei muito impressionada quando o conheci, porque sempre tive ideias libertárias. A gente vivia em uma época com muitos preconceitos. Quando estávamos nos anos 1960, 1970, começaram os movimentos de contracultura, a revolução sexual, mas demorou um tempo. A mudança de mentalidade foi lenta e gradual, e quando eu li o Gaiarsa pela primeira vez – não lembro qual dos livros – aquilo me impressionou demais, porque ele ia contra todo aquele modelo imposto. Ele fazia uma análise sobre a família, mostrava a família de que se sofre, coisas que ninguém tinha coragem de falar.

* Psicóloga, referência na área da história das mentalidades sobre sexo e relacionamento no Brasil.

FCB: Esse livro é *A família de que se fala e a família de que se sofre*.

RNL: Sim. E eu achava incrível essa coragem que ele tinha. Porque, sempre, em uma mudança de mentalidade, algumas pessoas vão na frente, abrindo caminho para as outras. E o Gaiarsa era ótimo. Tem uma frase dele que eu nunca esqueci, que falo em palestras e sei de cor: "Somos por tradição sagrada tão miseráveis de sentimentos amorosos que quando encontramos um já nos sentimos milionários e renunciamos com demasiada facilidade a qualquer outro prêmio lotérico (de amor)". Quando li isso, falei: "Gente, esse cara é sensacional!" Sempre pensei isso. Eu sempre achei que você poderia amar mais de uma pessoa. Aí, quando li essa frase, eu disse: "Gente, quem é esse cara?" No Brasil não tinha ninguém assim. E por aí foi. Sobre briga de casal, ele descrevia o inferno que era aquela vida. Ele começou a dizer muitas verdades. Acho que o Gaiarsa teve alguns adeptos na época, pessoas que gostavam muito dele, mas não teve mais por causa da época, que ainda era muito reprimida.

FCB: Ele contava que, quando lançou *A juventude diante do sexo*, pesquisa publicada na revista *Realidade*, atendia ligações de gente dizendo: "Gaiarsa, eu te odeio! Você é um monstro, um destruidor!" Aí desligava. E, quando tocava de novo e ele atendia, era assim: "Gaiarsa, eu te amo! Você é maravilhoso!"

RNL: Eu sei o que é isso, fui muito atacada. Hoje, se o Gaiarsa estivesse nas redes sociais, ele teria um batalhão de fãs, mas as pessoas só seguem quando gostam. Quando entra alguém em uma rede social me atacando, os próprios seguidores atacam a pessoa, começam a questionar. Não preciso fazer nada [risos]. Agora, no UOL, que é um lugar com milhões de pessoas, com muitas que provavelmente não me conhecem, me atacam demais. Tem muita gente que gosta, mas escreve mais quem ataca. "Ela deve ser uma infeliz!", "Nunca foi amada", aquelas coisas. Então, imagino com o Gaiarsa, há uns 40, 50 anos, como deveria ser. Mas ele foi um pioneiro, acho que com a coragem de desagradar a um monte de gente e mostrar para as pessoas que há como viver melhor e como elas estão vivendo mal sem perceber. Hoje defendo muito a ideia de que o amor existe, mas o comportamento amoroso tem de ser aprendido. As pessoas vivem muito mal nas relações amorosas, nas relações de casamento. Tenho dado inúmeras entrevistas sobre a vida de casal no isolamento. As pessoas trabalhavam o dia inteiro, só se viam à noite, e de repente estão juntas 24 horas por dia.

FCB: E nesses tempos aumentou o número de casos de violência contra a mulher. Há uma campanha de como as mulheres devem agir na quarentena para se defender.

RNL: Sim. Acho que o lugar do Gaiarsa tem de ser mesmo reverenciado, por ter sido um pioneiro, pela coragem que ele teve e por ter tido a percepção de como as pessoas sofriam na vida amorosa. E na família também, e em vários aspectos. Pois é uma conjunção de características de personalidade. Não adianta só perceber que as pessoas sofrem, se não tem coragem de denunciar. Ele percebeu, ele teve coragem, ele conseguiu mostrar que as pessoas podiam viver bem melhor e sempre escreveu os livros dele de uma forma muito fácil de entender. Foi uma grande contribuição. Depois dele, Roberto Freire também quebrou diversos modelos, mas a partir daí não conheci mais ninguém.

FCB: Eu gostaria de falar duas coisas. O Gaiarsa fez muita crítica à família monogâmica compulsiva, que também é uma crítica reichiana. Hoje em dia há esse discurso neofascista de que a esquerda quer destruir "a família". Existem várias formas de viver em família. O Gaiarsa tinha uma frase recorrente para chamar a atenção: "A psicanálise nasceu para resolver o problema da família monogâmica compulsiva". Ou seja, as doenças mentais que essa família cria. Como você vê essa questão?

RNL: Por um lado, existe toda uma onda conservadora que ataca qualquer um que pense de forma progressista. A gente entrou em uma coisa absurda. Por exemplo, para os neofascistas, qualquer pessoa que critica é esquerdopata, comunista etc. Eles não conseguem entender que você pode criticar independentemente disso.

FCB: As pessoas não veem o argumento, elas põem um carimbo.

RNL: Sim. E não têm argumento nenhum. É por isso que eu acho que as escolas têm de começar a ensinar as crianças a discutir com argumentos desde os 3 anos de idade. "Empresta o carrinho!", puxa o carrinho e explica por quê. As pessoas não sabem discutir ideias. Ideias você contesta com ideias. Muitos partem para um ataque pessoal ou para rotular. Essa coisa de não admitir, de tachar como comunista, não faz o menor sentido. Basta uma ideia progressista – nada contra alguém ser comunista – para você já ser tachado. No início desta onda fascista era mais forte ainda. Agora, diante de tanto caos, nem se fala mais tanto nisso, na coisa cultural da família. Mas, quando começou, inúmeras pessoas me perguntavam: "Você acha que estamos em um retrocesso?" Sim, a cabeça deles é um retrocesso, mas eu não consigo imaginar que a gente não esteja em um processo de mudança profunda das mentalidades, que começou nos anos 1960. A gente ainda está em transição. Não consigo achar que vai voltar para trás, que as moças daqui a pouco vão se casar todas virgens, que as pessoas não conseguirão se separar porque separação é feio.

FCB: Então é um processo que começou lá atrás, e o Gaiarsa foi um dos que ajudaram a pôr em movimento essa onda no Brasil.

RNL: Claro. Não foi ele quem trouxe o Reich para o Brasil?

FCB: Sim. Vamos supor que o Gaiarsa ajudou a levantar aqui no país essa onda para a mudança das mentalidades. Ele virou uma figura pop inclusive na televisão. Você já pegou essa onda em pleno movimento, no pico. Eram o Gaiarsa, o Roberto Freire e você como grandes figuras públicas, que têm o trabalho de mobilizar o pensamento de massas. Qual é a diferença entre essa posição de ter sido alguém que iniciou uma onda – no caso do Gaiarsa – e você, que já entrou no pico dela?

RNL: Acho que, na época do Gaiarsa, não existiam grupos tão assumidos de poliamor, grupos de relações livres. Quando ele disse aquela frase que eu citei, estava dizendo isso, que a gente pode amar várias pessoas ao mesmo tempo. Mas não havia grupos institucionalizados como há hoje. Por exemplo, fui dar uma palestra em Porto Alegre para um grupo de relações livres (RLi). E é incrível, porque eles vivem realmente relações totalmente livres. Acho que quando o Gaiarsa estava introduzindo tudo isso não existia, mas provavelmente isso é consequência. Ele contribuiu para que isso fosse se tornando natural para uma série de pessoas. Estou fazendo curso, duas *lives* por semana – aliás, estou amando fazer *live*. Seleciono umas dez perguntas que as pessoas fazem durante a semana. Duas perguntas são campeãs: uma é sobre o sexo no casamento, que é uma tragédia, e cada vez eu tenho mais certeza daquela minha frase em que eu digo que casamento é onde menos se faz sexo. A outra é como dizer ao parceiro ou parceira que deseja abrir a relação. Agora lançamos no Instagram uma pergunta: quais são as dificuldades que você está enfrentando dentro do relacionamento amoroso nessa quarentena? As respostas dizem coisas do tipo "Eu não aguento mais o meu marido", "Eu não aguento fazer sexo com ele", "Nossa, que saco ter de ficar morrendo de saudades do amante". A quantidade de gente que vive mal no casamento é incrível, e o Gaiarsa já denunciava isso.

FCB: Com todas as letras.

RNL: Em um dos livros dele, ele cita você e diz: "Eu e a Fernanda temos o hábito de nos olharmos e perguntarmos: 'Estamos com vontade de nos ver hoje?'" Claro que isso deve causar um impacto, não sei se ele fazia isso ou não. Não importa. Ele conta que isso funciona muito bem, porque a gente pode amar muito uma pessoa e não querer ficar com ela o tempo todo. E é uma coisa na qual eu bato hoje: a questão do respeito à individualidade do outro. Isso é fundamental. Inclusive, quando dou entrevistas para falar da dificuldade do casal que só se encontrava à noite rapidamente e agora tem de ficar 24 horas junto, eu digo que, mais do que nunca, deve haver o respeito à individualidade do outro. O casamento na nossa cultura vai no sentido oposto.

FCB: É a tal da "alma gêmea".

RNL: A tal da alma gêmea, a ideia de os dois se fundirem. O amor romântico prega a fusão das pessoas, os dois se transformarem em um só. É tudo oposto. Então os anseios contemporâneos estão muito em busca da individualidade, o que não tem nada que ver com egoísmo; tem que ver com cada um desenvolver seu potencial, descobrir suas possibilidades na vida. O Gaiarsa já apontava o caos que era o modelo de casamento da nossa cultura – há textos em que ele fala do clima "irrespirável", com casais brigando. Tem gente que me pergunta: "Então você é contra o casamento?" Eu não sou contra o casamento, eu sou contra esse modelo de casamento da nossa cultura.

FCB: Você é casada há muito tempo.

RNL: Há 20 anos. Nunca mais vou ter um casamento tão longo [risos]. Acho que o casamento pode ser ótimo, inclusive com tesão, só que tem de ter liberdade de ir e vir, total respeito pelo jeito de ser e de pensar do outro, poder ter amigos separados do seu parceiro, poder ter seus programas independentes e não haver controle nenhum da vida do outro. Nem se você transou ou não transou com alguém. Tem um pensamento que sempre menciono, do qual acho que o Gaiarsa ia gostar muito. Eu tinha um programa de rádio em que as pessoas faziam perguntas, que eram todas do tipo: "Será que ele me trai?", "Será que ela tem outro?" E eu pensava em como as pessoas são obcecadas por isso. Ao mesmo tempo, na mesma época, atendi um paciente no escritório que era advogado, casado com a mulher mais controladora e ciumenta do mundo. Ela não trabalhava, não fazia nada. Ela existia para controlá-lo. Acordava às dez da manhã todos os dias e, a partir daí, ligava para ele de dez em dez minutos. "Foi almoçar?", "Quem sentou do seu lado?", "O que você comeu?", "Foi lanchar?", "Quem estava no café?" Era uma coisa infernal. Só que esse paciente me contou que tinha uma amante havia três anos, que saía de casa todos os dias às 6h45 da manhã – teoricamente, muito trabalho no escritório, muitos processos. Todos os dias ele passava na casa da namorada, transava com ela, curtia, ficava duas horas, duas horas e meia lá. Quando ele chegava ao escritório e a mulher começava a ligar, ele não estava nem aí, porque já estava feliz. Quando ouvi essa história, percebi com clareza que não há como controlar o outro. Aí, formulei este pensamento: "Ninguém deveria se preocupar se o amado transou ou não transou com outra pessoa. Cada um só deveria responder a duas perguntas a si próprio: Sinto-me amado(a)? Sinto-me desejado(a)? Se a resposta for sim para as duas, o que o outro faz quando não está comigo não me diz respeito". Acho que era exatamente isso que o Gaiarsa pensava.

FCB: Sim, ele falava muito disso. Eram as bandeiras dele.

RNL: Exatamente. E acredito cada vez mais nisso. Esse paciente foi superimportante, a gente aprende muito no consultório – é um mergulho no mundo de cada pessoa. Então, na medida em que o controle não existe, vamos viver de uma forma mais inteligente. Acho que as pessoas podem viver melhor, e acho que o Gaiarsa realmente foi uma pessoa decisiva para isso.

FCB: Outra coisa que eu gostaria de perguntar. Os psicanalistas, psiquiatras e psicólogos, quando ganham uma dimensão muito grande de televisão, de uma linguagem pop, aparentemente sofrem certa rejeição e desconfiança dos próprios colegas, que acham que as coisas não podem ser tratadas de forma tão popular, com uma linguagem tão simples. Talvez o Gaiarsa tenha sofrido um pouco com essa rejeição entre os pares por ter se tornado uma figura pública. Você passou pela mesma coisa?

RNL: Acho que as pessoas sentem muita inveja. A imensa maioria dos psicanalistas – claro que existem exceções – tem uma percepção das coisas menos progressista. Quanto a ter me tornado pessoa pública, por trabalhar na TV, recebi poucos ataques.

FCB: A psicanálise é muito individualizada, sem ter noção do contexto.

RNL: Exatamente, porque o trabalho é muito no individual. Outro dia veio uma jornalista me entrevistar sobre relações abertas, poliamor etc. Falei o que eu pensava disso e disse que não acredito que tenha de substituir a monogamia pela não monogamia. Digo que, no momento em que vivemos hoje, na medida em que os padrões tradicionais não dão respostas satisfatórias, abre-se um espaço para cada um escolher sua forma de viver. Se você quiser ficar 40 anos com uma pessoa e só transar com ela, está tudo certo, direito seu. Agora, se a outra pessoa quiser ter três maridos, também é direito dela. Isso é muito importante. Sempre todo mundo teve de se enquadrar em modelos. As pessoas que não se enquadravam nesses modelos eram discriminadas. Tanto que eu me lembro muito, na minha infância e adolescência, de ter amigas que eram filhas de pais separados e não eram aceitas em muitas escolas.

FCB: Posso contar uma historinha, rapidamente?

RNL: Claro!

FCB: Eu sou filha da primeira mulher a se separar na cidade pequena onde ela morava.

RNL: Era Torres?

FCB: Torres! Eu estudava em um colégio de freiras, o mesmo em que minha mãe estudou. Ela também foi uma das poucas da família naquela época a estudar – as mulheres não estudavam muito – até o fim, fez faculdade e tudo. Então ela me colocou nesse colégio de freiras, que era o melhor da cidade. Um dia, em uma aula, uma freira estava explicando sobre família, fazendo uma defesa, e disse: "Geralmente os filhos de casais separados são muito problemáticos". E eu era a única da sala de aula filha de pais separados. Olhei em volta, tinha um aluno que era muito doido, não parava sentado, não prestava atenção... Tinha um monte de crianças muito doidas, e eu até que era disciplinada, prestava atenção. Aí olhei para a professora, levantei a mão e disse, quase ingenuamente: "Professora, a senhora acha que eu sou mais problemática do que os outros colegas dessa sala?" Ela disse que não, que havia exceções, deu uma enrolada [risos].

RNL: Mas era a mentalidade da época.

FCB: E o Gaiarsa estava pensando em tudo isso.

RNL: Em tudo isso, claro. Na sexualidade, na liberdade no sexo, em dedicar-se ao prazer. Faço três artigos por semana para o UOL. Em um deles*, comentei que as vendas em *sex shops* aumentaram muito em todo o Ocidente.

FCB: O pessoal está em casa, curtindo.

RNL: Sim. Mostrei isso e falei que no século XIX Acton, um médico inglês muito famoso – já o vi em uns dez livros diferentes –, dizia a seguinte frase: "Felizmente para a sociedade, a

---

* "A grande mudança da mulher na busca pelo seu prazer", disponível em: <https://reginanavarro.blogosfera.uol.com.br/2020/04/11/a-grande-mudanca-da-mulher-na-busca-pelo-seu-prazer/>.

ideia de que a mulher possui sentimentos sexuais pode ser afastada como uma calúnia vil".

FCB: [risos] No século XIX, muito recente.

RNL: Recente. Aí eu, logo embaixo, boto outra frase do Krafft-Ebing, um alemão que estudava patologia sexual e que dizia umas barbaridades dessas sobre as mulheres. Termino o artigo assim: "O que será que Acton e Krafft-Ebing diriam hoje?" Porque as mulheres estão decididas a buscar seu prazer, por isso estão aumentando muito as vendas nessa quarentena. A gente não sabe explicar por que algumas pessoas – e acho que esse é o caso do Gaiarsa, que nasceu em 1920 e foi criado em uma época de muita repressão – pensavam desse jeito diferente.

FCB: Gaiarsa vinha de uma família supercatólica.

RNL: Pois é. O que faz que algumas pessoas consigam perceber o mundo, as relações, completamente fora da imensa maioria, dos modelos impostos e aceitos? Talvez o comportamento da minha avó, e alguém ou algum fato na vida do Gaiarsa, também tenha tido influência, ainda que de forma inconsciente. Minha avó chegou do Líbano com os pais e o irmão aos 13 anos. Aos 14, no dia do noivado, apresentaram-lhe o meu avô, que tinha 38. Ela teve três filhas e um filho, e meu avô, por ignorância, dizia que as meninas não precisavam ir à escola. "Pra que aprender a ler e escrever? Pra escrever carta pro namorado?" Aí minha avó se desquitou, isso nos anos 1930! E foi trabalhar duro para sustentar os filhos. Eu tinha com ela uma relação incrível, amava-a profundamente. Acredito que ela tenha sido a primeira feminista que conheci.

FCB: Acho que mexeu muito com o Gaiarsa essa pesquisa que ele fez sobre a juventude diante do sexo. Ele foi estudar isso porque havia a ideia de que uma mudança estava em curso...

RNL: Ele dizia que os jovens ficavam escondidinhos pelos cantos, apertadinhos, contando vantagens uns para os outros sobre as mulheres...

FCB: E depois a leitura do Reich, muito inteligente...

RNL: Mas existem pessoas muito inteligentes que não conseguem quebrar os padrões. Tem de ser inteligente, sensível e corajoso.

FCB: Exato, porque corajoso ele era, né?

RNL: Claro! Muito corajoso! Você pode ter tudo isso. Existe uma enormidade de psicólogos e psicanalistas neste país. Conheço poucas pessoas, que sejam psicoterapeutas, de qualquer linha, que eu pudesse convidar para um debate. Quando fiz um simpósio, em 1999, foi difícil ter convidados. Naquela época chamei o Gaiarsa, o Flávio Gikovate, você, que não é psicoterapeuta, e o Luiz Carlos Maciel, que também não é terapeuta. Por isso digo que mereceria um estudo saber como o Gaiarsa, nascido em 1920, de uma família católica, rigorosa, conseguiu romper com tudo isso, perceber, denunciar e mostrar para continuar sendo atacado e lutando. É uma missão!

FCB: É uma missão. Um discurso religioso na boca da Regina! [risos] Quando estava no Rio de Janeiro tentando descobrir um caminho diferente do convencional, monogâmico compulsivo, você via o Gaiarsa como um porta-voz dessas mudanças?

RNL: Me identifiquei com as ideias do Gaiarsa desde o primeiro livro que li. As pessoas que o viam na televisão o amavam ou o odiavam. As pessoas diziam: "Como ele é sensacional!" Por isso é bom fazer um trabalho sobre ele, pois as novas gerações não sabem quem ele é, nunca ouviram falar. Quem realmente dizia "Eu adoro o Gaiarsa e as coisas que ele diz" são aqueles que já têm mais de 50 anos.

FCB: Verdade. Abri um curso outro dia e o divulguei, mas as pessoas não sabem quem ele é.

RNL: Naquela época, as pessoas que o assistiam na TV adoravam, porque ele falava coisas que ninguém falava. Hoje já se fala mais. Você lê matérias que falam de poliamor. Temos o GNT. O João Jardim fez uma série documental sobre poliamor [*Amores livres*], em que aparecem pessoas vivendo a três. É outro mundo. Mas, na época, ele foi de uma coragem absurda.

FCB: Você chegou a conhecê-lo pessoalmente?

RNL: Conheci. Quando lancei *A cama na varanda*, em 1997, citei no livro aquela frase do Gaiarsa. Ele me mandou uma mensagem – não me lembro se foi uma carta –, dizendo que tinha lido meu livro. Aí nos encontramos quando fui a São Paulo, convidei-o para participar daquele evento. Fui à casa dele algumas vezes em São Paulo e fomos juntos ao teatro.

FCB: Você disse que em uma geração já não sabem mais quem é o Gaiarsa. Isso me lembra um pouco a questão da mentalidade do Brasil Colônia. Parece que temos aqui uma dificuldade de cultivar a memória dos nossos pensadores, das nossas referências. Parece que estamos sempre subordinados às referências estrangeiras, europeias, norte-americanas...

RNL: O Gaiarsa atingia um nicho, porque a imensa maioria era moralista e preconceituosa. Isso acontece com todo mundo que abre caminhos e vai na frente. A Leila Diniz foi escorraçada de uma maneira que até papel em novela ela perdeu, porque botou biquíni grávida, sem aquela bata para esconder a barriga. Isso ficou famosíssimo. Quero que você me mostre uma mulher que usasse esse tipo de coisa depois dela. Então veja que a mudança das mentalidades parte de alguém que vai na frente, abrindo o caminho. Quem apoiou a Leila Diniz naquela época foi um público pequeno – já a classe média do Rio de Janeiro achou um horror, uma pouca-vergonha. Chamavam-na de puta, foi uma coisa horrorosa.

FCB: Parece que esse movimento neofascista deu uma reavivada nisso. Que importância você acha que teria o legado do Gaiarsa no contexto deste levante moralista? Muitos viram um vídeo do líder de uma das maiores igrejas neopentecostais brasileiras dizendo que orientou as filhas a não estudar mais que os maridos, porque, segundo a fé dele, se a mulher estudar muito não poderá seguir a lei de Deus, que é a da mulher submissa ao marido. Esse cara tem milhões de seguidores no mundo.

RNL: Para essas pessoas religiosas, evidentemente o Gaiarsa será considerado algo do demônio.

FCB: Assim como você...

RNL: Sim. Outro dia abri o Facebook e tinha uma foto de uma arma apontada para mim. Isso foi um pouco antes da eleição do Bolsonaro. O cara dizia "Anotei seu nome", "Você vai ver só quando os militares tomarem o poder, vou passar o seu nome", "Sua imoral" etc.

FCB: Entrevistamos, para o programa "Barraco Filosófico", da Rádio Madalena, o artista Wagner Schwartz, que fez a *performance* "La Bête", em que as pessoas o movem como aquelas estruturas (os bichos) da Lygia Clark. Uma garotinha tocou no pé dele e virou tudo aquilo. Ele recebeu um *flyer* digital com uma foto dele e do diabo dizendo que ele era o anticristo enviado por Satanás. Se hoje a gente vê isso, imagine o Gaiarsa naquele tempo.

RNL: Exatamente. A Judith Butler também foi atacada.

FCB: Sim, ela foi colocada como uma bruxa para ser queimada – botaram até fogo no boneco dela!

RNL: Acho que a ideia que tem de ser passada sobre o Gaiarsa é a de um grande pioneiro dessa abertura toda. O lugar dele é esse. Ele teve a coragem, a ousadia de trazer essas ideias que fugiam completamente aos modelos impostos e aceitos que muitos repetem sem refletir. Hoje não sei o que o Gaiarsa estaria dizendo, pois vivemos tempos diferentes dos de 20 anos atrás. Essa questão das relações abertas é uma coisa incrível, porque nem todo mundo conta para os amigos. O que eu mais recebo são pedidos do tipo "Me ajuda a desconstruir esse amor romântico", pois o amor romântico prega esses absurdos todos. Acho que esse livro – ou qualquer outro que você faça sobre o Gaiarsa – tem de mostrar a importância dele no desenvolvimento dessa abertura, dessa contribuição para a mudança de mentalidade. Numa época difícil, é preciso mostrar como ele foi atacado. Ele teve programa por quanto tempo?

FCB: Ele participava do "Dia Dia", na Bandeirantes. Ficou no ar por cerca de dez anos.

RNL: Então. E como ele conseguiu enfrentar tudo isso, dizer o que pensava, como as pessoas poderiam viver melhor, construir uma família. Essa é a importância dele. As coisas vão evoluindo, é um processo. A contribuição dele é enorme.

FCB: Ele era frequentador assíduo de livrarias, lia todos os dias, e respondia aos ataques escrevendo livros. Então acho que essa questão de ser um escritor e responder aos ataques escrevendo e colocando a sua palavra no mundo para ser compartilhada ajudou-o a segurar a onda.

RNL: As pessoas têm de entender quem ele foi e como ele possibilitou essa mudança toda. O mais importante que eu acho que ele tentou passar foi mostrar para as pessoas que é possível viver muito melhor do que elas vivem. O condicionamento cultural é fortíssimo desde que nascemos. Somos frutos da cultura. E é tão forte que, quando chega à idade adulta, você não sabe diferenciar o que realmente deseja do que aprendeu a desejar. O Gaiarsa percebeu isso e começou a mostrar às pessoas que elas poderiam viver melhor, ser mais alegres, aproveitar a vida, porque a educação castradora, a sexualidade reprimida, o amor e o casamento cheios de modelos eram realmente equivocados.

FCB: Ele teve alguma influência no modo como você faz a clínica? Você ainda atende pessoas?

RNL: Cada vez menos, porque tenho muito trabalho e fico exausta. Mas não sei dizer exatamente. Atendo há 45 anos. Na formação psicanalítica, se alguém perguntasse qualquer coisa, você interpretava, tinha de ser muito neutro. Na década de 1970, todos eram muito rígidos, mas fui quebrando isso. Tive três psicanalistas e fui rompendo com isso. Na verdade, passei a estudar os relacionamentos amorosos pela história das mentalidades porque me dei conta, depois de 20 anos de consultório, que meus pacientes sofriam com questões ligadas ao relacionamento amoroso e sexual. Eu sempre ouvia aquilo e tinha a sensação de que era um sofrimento desnecessário. Quando comecei a estudar a história das mentalidades, que é algo pelo qual sou apaixonada – como as pessoas pensavam, viviam, desejavam –, comecei a perceber de outra forma. Hoje acredito que, no consultório, o mais importante é levar o paciente a uma reflexão sobre os valores aprendidos. Claro que existem casos que eu não pego – por exemplo, "Vim te procurar porque tentei suicídio três vezes e estou querendo me suicidar de novo". Nesse caso vou indicar alguém que possa atender a esses casos melhor que eu. Como praticamente todos os meus pacientes vêm da mídia – uns 95% –, sempre quem me procura é mais por questões de relacionamento amoroso/sexual. Acredito ser importante trabalhar as questões morais, das normas, das leis, dos modelos. Isso para mim é fundamental.

FCB: Você acha que o Gaiarsa também tinha um pouco disso? Quando ele estuda as atitudes e disposições corporais, ele está interessado em como esse processo de produção de mentalidades está no corpo e entrava nesse trabalho por meio disso.

RNL: Fica difícil dizer em que medida ele contribuiu, porque isso passa inconscientemente. Você lê um livro e daqui a pouco você vê uma entrevista dele. É um processo em que se é afetado pelas ideias sem ter consciência. Um dia você diz determinada coisa a um paciente, tem determinada atitude, e você não tem clareza de que isso é porque ouviu o Gaiarsa ontem dizendo tal coisa. É evidente que ele deve ter influenciado todas as pessoas que não fossem muito fechadas em seu moralismo e em seus preconceitos. Ele contribuiu para as pessoas médias, que assistem TV, e isso foi muito legal. O importante é que as pessoas percebam que existe outra forma de viver, de pensar. A sociedade somos nós, não está fora da gente. A gente reflete, questiona e se transforma. Não tenho dúvida de que ele contribuiu muito. As pessoas merecem saber que ele existiu e o que ele disse.

9.
Zé

DÁRCIO VALENTE RODRIGUES[*]

Não há dúvidas de que, ao ler o título "Zé", grande parte dos leitores pensará tratar-se do "Zé-Ninguém" do Reich. Nada disso. Muito pelo contrário, quero falar de "alguém" que foi o principal precursor e divulgador de Reich, além de iniciador oficial das técnicas corporais em psicoterapia aqui no Brasil. Uma pessoa maravilhosa e humana como jamais conheci. Refiro-me a José Angelo Gaiarsa, o famoso dr. Gaiarsa; para os íntimos, simplesmente Zé. Eu poderia agora registrar alguns dados biográficos relevantes, mas deixarei isso para depois, no decorrer do texto. Começarei pelo fim. Para tanto, vou me utilizar de uma crônica que publiquei, por ocasião dos 40 anos da Oficina Literária Ivan Proença (Olip), intitulada "Sonho de consumo" (Rodrigues, 2012).

Aqui vai, na íntegra.

---

[*] Psicólogo (PUC-SP, 1975) e escritor. Psicoterapeuta reichiano, elaborou e coordenou o projeto Toque-Toque – Prevenção de Neuroses, para crianças de até 4 anos de idade. Como membro da Escola Livre J. A. Gaiarsa, ministra cursos no Rio de Janeiro.

Sonho de consumo

"Sonho de consumo? Não, não tenho não."

"Mas tem alguma coisa que você gostaria muito, que o faria muito feliz?"

"Gostaria de morrer dormindo", disse ele.

Todos riram. Morrer dormindo, piada!

Isso foi 40 anos atrás. Era um grupo grande naquela sala, alguns bastante famosos. Só eu levei a sério a conversa. Nos tornamos muito amigos. Foi, por certo, a pessoa mais interessante que conheci. Se estivesse de cuecas por baixo era capaz de dar as calças a alguém que aparecesse nu. Certa vez vi um mendigo agradecido ajoelhar a seus pés.

Há poucos anos me falou que estava um pouco apertado financeiramente. Para um médico muito famoso, que ganhou rios de dinheiro, publicou dezenas de livros de sucesso, sei lá...

Lembro que há muito tempo, eu ainda jovem, um dia na beira do mar lhe perguntei se não havia algo mais que desejasse além de morrer dormindo. Minha situação econômica era naquela época muito boa e eu, como se fora o gênio da lâmpada, estava disposto a satisfazer seu desejo.

Respondeu-me que gostaria de ver a humanidade mais feliz, menos louca e angustiada. Óbvio, nada pude fazer.

Morreu não faz muito tempo, com 90 anos de idade. Vivia uma fase muito boa, ouso dizer iluminada. Neste caso, para o bem, morreu como merecia.

Dormindo.

(Dedicado a meu muito querido amigo José Angelo Gaiarsa)

Muito bem, espero ter conseguido passar um pouquinho do espírito de meu amigo Zé. Vamos agora aos entremeios, o centro do furacão que foi a revolução reichiana no Brasil.

O Zé era um sujeito bastante inteligente (foi primeiro colocado na Escola de Medicina da USP e manteve-se primeiro aluno em todo o decorrer do curso), estudou muito Reich e Jung. Naquela época não havia traduções para o português; os interessados tinham de correr atrás e estudar, na melhor das hipóteses, em inglês, espanhol e italiano.

Além disso, era um leitor contumaz. Certa vez, tive a oportunidade de observá-lo, já com quase 80 anos, sentado, encostado a uma árvore (posição que me pareceu bastante desconfortável), lendo um livro por mais de seis horas consecutivas. Ao terminar, levantou-se tranquilo, como se estivesse voltando de um agradável mergulho no mar. Fiquei abismado e, apesar da simplicidade do fato, nunca esqueci o ocorrido.

Os primeiros grupos terapêuticos coordenados por Gaiarsa aconteciam em seu consultório no centro de São Paulo, com uma boa dose de "parafernálias" extremamente funcionais no afrouxamento e dissolução de encouraçamentos, a maioria das quais ele mesmo inventara e construíra.

Havia também outro grupo coordenado por Gaiarsa. Integrávamos um grupo de estudos. Eram profissionais da área, médicos e psicólogos em geral que, a convite do Zé, se reuniam em sua casa para trocar experiências.

Recém-formado, eu era o caçula do grupo. Gaiarsa, já psiquiatra de renome, era o mais velho da turma. No entanto, tornamo-nos amigos para sempre.

Mas vamos ao que interessa. A partir daí, já nos anos 1980, surgiram os primeiros grupos de formação, vindos de várias correntes reichianas e neorreichianas, além de associações como Reich-Jung, Gestalt-Reich, enriquecendo o caldo e favorecendo que uma revolução (pacífica) viesse a "tomar corpo" – para quem não leu, vale aludir ao livro de Thomas Hanna, *Corpos em revolta*. O título é sugestivo e revela por si só o que, em minha opinião, estava ocorrendo, e cuja continuidade vivemos até os dias de hoje – de forma bastante desordenada, é bem verdade, mas aparentemente sem retorno.

Corpos em revolta foram e têm sido um fenômeno observável para quem se dispõe a fazê-lo, tanto em um sentido mais estético, por assim dizer, como pelas atitudes e tomadas de posição no que diz respeito, por exemplo, à sexualidade – um jornal de Nova York publicou as dezenas de gêneros já catalogados, de masculino e feminino a alguns que não tenho a mínima ideia do que sejam, numa demonstração inequívoca de desordenada revolta, ainda que muito justa, com o preestabelecido.

Devo afirmar que o Zé, possuidor de uma ampla tolerância ante fatos humanos e sexuais, foi um dos principais revolucionários, senão o maior deles, a lutar contra os preconceitos mesquinhos que dominavam de forma marcante a nossa sexualidade. Hoje, apesar de ainda vivermos imersos em preconceitos, a tolerância em relação à sexualidade é incomparavelmente maior do que em passado bastante recente. Uma frase, retirada de seu livro *A estátua e a bailarina* (1995, p. 21), chamou-me bastante a atenção: "Ai de quem não conhece o corpo inteiro – o próprio e o alheio; jamais será inteira sua alma".

A liberdade corporal da qual hoje desfrutamos – que não é tanta, na verdade, mas incomparável com a que tínhamos na época – foi concebida à custa de muita luta. Lutas internas (dentro de cada um) e externas, em duro embate com a sociedade. No entanto, Gaiarsa faz duras críticas ao momento presente. Em *Amores perfeitos* (2013, p. 204-05), apela aos desavisados:

Os jovens de hoje, tão preconceituosos quanto seus pais, estão perdendo a oportunidade das oportunidades; ainda que mais próximos do que seus pais, praticam a sexualidade de forma ainda tosca, meio separatista, proprietária, ciumenta e com consciência reduzida durante a ação. E, depois, as fofocas, os comentários maliciosos, grotescos ou pornográficos. Tudo sempre disfarçado ou negado – em público!

Estamos a um passo do ponto, mas com grave risco de passar por ele sem nos determos – sem aproveitá-lo –, sem integrá-lo à ideologia aceita pela sociedade. A maior força de união entre seres humanos é desagregada pelo ciúme, pela possessividade, orgulho, preconceito e estupidez coletiva.

Para se ter ideia da repressão sexual naqueles tempos, Gaiarsa, que era uma pessoa em geral bastante gentil e educada (não dizia palavrões ou, quando o fazia, era apenas para ressaltar, com humor, a repressão ou preconceito implícitos), era tido como um sujeito "sem caráter", porque, ao questionar a estrutura rígida familiar patriarcal e suas consequências, mexia profundamente com o conservadorismo dominante.

A propósito de seu caráter, profundamente cristão no que há de melhor no cristianismo, referia-se a Cristo como "meu amigo Jesus". Seu livro *O olhar* – aliás, excelente – é dedicado a Jesus Cristo. Frequentemente mencionava os santos, como São Tomás e São Francisco, o que mostra um tipo de religiosidade natural (ou espiritualidade, como queiram), desprovida de preconceitos e dogmas, apegada apenas ao amor aos seres vivos, mas sem deixar de lado (muito pelo contrário) os avanços da ciência.

Sua religiosidade eclética me dispõe a reproduzir um de seus textos favoritos, de autoria de Osho, publicado logo no início de seu livro *Amores perfeitos* (2013, p. 6):

O amor é o único milagre que existe. O amor é a escada do inferno para o céu. Aprendendo bem o amor, você aprendeu tudo. Perdendo o amor, toda a sua vida está perdida. As pessoas que me perguntam sobre Deus não estão realmente perguntando sobre Deus, mas declarando que não conheceram o que é o amor. Aquele que conheceu o amor conheceu o Amado; o amor é a percepção do Amado. Aquele que pergunta sobre a luz está simplesmente dizendo que é cego. Aquele que pergunta sobre Deus está dizendo que seu coração não floresceu para o amor. [...] Deus não deve ser procurado: onde você irá procurá-lo? Ele está em toda a parte; você só tem de aprender a abrir os seus olhos do amor. Uma vez que o amor penetrar em seu coração, Deus está lá. Na emoção do amor está o Amado; na visão do amor está a visão de Deus.

Entretanto, questionava, e muito, todos os preconceitos e absurdos apregoados pelas religiões várias.

Reparem na força e na magnitude da afirmativa: "Traímos a cada passo a luz divina, sempre pronta a se acender, se devidamente recebida, com a veneração e o espanto que todo milagre desperta. Em vez disso, banalizamos o poder do amor, fazendo dele uma aventura barata e sem consequência" (2013, p. 206).

Ou, citando Reich (*ibidem*), "gastamos a força do amor sem valorizá-la, antes, degradando-a em aventuras banais ou esterilizando-a na família monogâmica e compulsiva".

No entanto, empenhado em subverter a ordem estabelecida – segundo São Tomás, o maior filósofo do cristianismo, "dever de todo cidadão empenhado no bem de todos" –, Gaiarsa foi muito caluniado, tido como um anarquista caótico e "sem caráter".

Na verdade, Gaiarsa foi criticado por ser um defensor do "amor livre", gerando grande polêmica a respeito. Questão bem fácil de resolver. Basicamente, "se não é livre, não é simplesmente amor". Porque, sendo o amor aprisionado, reprimido, gera apenas angústia, sofrimento e dor. Cabe ainda lembrar que liberdade nada mais é que liberdade de escolha, ficando assim bastante claro que, hoje em dia, a polêmica praticamente não existiria – ao menos nesse particular parece que evoluímos um pouco.

Mas manteve sua postura questionadora da sociedade até o fim. Dono de um bom humor invejável, inclusive diante de assuntos sérios, conseguia rir das asneiras que escutava, mas sem agredir os atacantes (uma espécie de *tai chi* emocional surpreendente).

Entretanto, nos últimos tempos, já cansado, não conseguia mais rir das bobagens que escutava, o que não o impedia de dizer o que achava, tipo: "Cada vez maior investimento na fabricação de armas para se garantir a paz" – reparem no ridículo (digno de riso) da contradição. Também já não conseguia rir de preconceitos em relação à educação de crianças, de gênero ou raciais. O que não o impedia de formular uma resposta digna e, frequentemente, bem-humorada. Bom humor esse que encontramos nos mais de 30 livros publicados e em suas palestras, que abordavam temas como família, vida amorosa, educação e sexualidade, assim como anatomia, fisiologia, biomecânica e terapia corporal. Especialista em biomecânica, não sei de alguém que tivesse maior conhecimento do assunto. Em *A estátua e a bailarina* (1995), ele relaciona, de forma completamente inovadora, movimento e psiquismo. Vale mencionar alguns parágrafos do livro apenas para dar uma ideia de sua maneira simples e funcional, totalmente embasada em Reich, de ver a questão:

> É inacreditável que se adote o método, tido como científico, de excluir do campo visual do estudioso o objeto a ser estudado [...]. Um dos efeitos negativos mais acentuados da psicanálise sobre o desenvolvimento da psicologia foi precisamente este: a exclusão da observação visual. Essa atitude tão descabida só foi aceita porque estava em paralelo com uma das características mais fundamentais do ser humano: a de ser um tagarela bastante irresponsável. As pessoas confundem demais falar e fazer, confundem demais palavras e coisas. Boa parte delas quase sempre comporta-se como se viver bem consistisse em falar bem, e como se toda a comunicação humana se fizesse exclusivamente através da palavra [...] Foi preciso que Reich trouxesse para a psicologia aquela sensatez de há muito esquecida, mas que concorda com o que de mais elementar se pode dizer sobre o homem: as coisas humanas começam quase sempre pelos olhos e os olhos são extraordinariamente importantes em todas as coisas humanas. Reich demonstrou com extrema clareza, e a um só tempo, que o misterioso inconsciente freudiano é inteiramente visível, e que os olhos do terapeuta são uma peça fundamental na terapia [...] Resumidamente: tudo aquilo que não é dito pela palavra pode ser encontrado no tom de voz, na expressão do rosto, na forma do gesto ou na atitude do personagem. [...] Reich apenas desenvolveu sistematicamente aquele que é o método mais fundamental para conhecer o outro. Quero dizer que, desde pequenos, todos nós nos baseamos pesadamente na observação do

outro para conhecê-lo, para saber o que ele pretende de nós, para levá-lo a agir como pretendemos. [...] Foi esta também sua maior coragem: a coragem de ver. (p. 14 e 15)

Notem que o Gaiarsa sempre dava o merecido crédito a Reich, coisa que, infelizmente, muitos autores não fazem, chegando antes a mudar algum detalhe para assim ganhar o crédito (lamentável!). A propósito, uma excelente atualização de Reich você encontra em *Couraça muscular do caráter* (*Wilhelm Reich*) – reparem o tamanho do crédito implícito e explícito no próprio título do livro.

Quanto à sua visão, por assim dizer, biopsicodinâmica, notem as observações: "O movimento é de tal modo central para a personalidade que muito rapidamente ele se confunde com ela. O ego é logo experimentado como 'aquilo que muda o mundo conforme eu pretendo'" (Gaiarsa, 1995, p. 40). Ele mostra como

> as ferramentas podem dar-nos uma primeira noção muito boa sobre o "ego", termo sempre indispensável e sempre obscuro em psicologia. Tanto desesperei de vencer essa obscuridade que terminei fazendo dela o centro de minha noção de "ego". Na verdade, mais do que obscuro, o ego é variável até o infinito, e por isso não se presta a nenhuma definição material. O ego é minha relação – estruturada e relativamente consciente – com o aqui e agora, variando continuamente em função de ambos. Sendo a relação entre três variáveis (minha personalidade, o aqui e o agora); ele não pode ter forma fixa – por isso não se pode defini-lo com precisão. A ciência do ego é a ciência de um indivíduo – conhecimento particular e não geral. Assim nasceu a Fenomenologia. (*Ibidem*, p. 81)

Uma interessante observação relativa às atividades instintivas aparece na página 63:

> Muito antes de realizá-las elas já se propõem de modo insinuante e insistente, perturbando em maior ou menor grau a posição ereta. Todo instinto, enquanto desejo, nos convida a abandonarmos nossa "dignidade". Bem sei que isto é tolo. Mas sei também quão grande é o número de pessoas que experimentam esses fatos assim: reagindo a toda insinuação instintiva com movimento de amor próprio ofendido.

Profundamente questionador, não deixava de apontar absurdos aceitos pela maioria:

> Após anos de faina a analisar o superego, tarefa "apenas suportável" (E. Bergler), os psicanalistas são levados a concluir que "o superego foi criado sem motivo pelos homens, resumindo em si a causa de todo sofrimento estúpido e irracional da humanidade". Quatro quintos dessa conclusão espantosa se devem ao fato de o paciente estar deitado e o terapeuta achar que, em princípio, este fato não tem grande importância. [...] Nossa definição de superego – expressão da atuação, sobre a consciência, de nosso sistema de equilíbrio. [...] dizê-lo inútil e irracional é verdadeiramente uma ofensa grave e de sérias consequências. É ele que estabelece a "relação eficiente" do que temos de vivo com o mundo não vivo – do qual, sobre o qual e contra o qual somos e nos realizamos (ou não)! Por isso o psicanalista aprende a ação do superego, mas não pode compreender sua função. "Na situação em que ele trabalha e observa" toda situação "deve" parecer estúpida; é a "situação analítica" que torna despropositada a ação altamente inteligente do

nosso aparelho de equilíbrio. Mais uma vez se vê a muita razão daquela ridícula querela escolástica sobre psicanálise: "isto é, sempre que deitados, nosso aparelho de equilíbrio não tem função objetiva". (*Ibidem*, p. 70-71)

Frequentemente era visto como superficial por alguns preconceituosos. No entanto, observem, nos parágrafos seguintes, sua maneira prática, funcional e naturalmente questionadora de ver as coisas:

A fim de estudar e compreender o homem, a primeira coisa que se deve fazer é deixar de vê-lo – este é o lema que separa os psicanalistas ditos "profundos" do resto, dos "superficiais". Inspirado e precedido por Reich, tenho feito o possível e um pouco mais para ser o mais superficial possível: "quero ver o que se mostra", a expressão do rosto, a posição dos ombros, o gesticular das mãos, o modo de estar do tronco, o jeito e os movimentos da bacia e das pernas. Tudo o que o fraseado esconde aparece no corpo. Na verdade, o fraseado não esconde quase nada; apenas não consegue dizer tudo. É preciso ser muito tolo para crer que a palavra diga tudo ou, sequer, o principal. (*Ibidem*, p. 70)

Tratadistas de cinesiologia apontam frequentemente para a pobreza mecânica das principais alavancas ósseas do corpo. Durante muito tempo eu os acompanhei, até descobrir que a considerável quantidade de energia que se "perde" em "trabalho interno" é empregada, toda ela, na manutenção do equilíbrio, assim como na composição da forma do corpo mais apta para aproveitar bem as tais alavancas de baixo rendimento. (*Ibidem*, p. 58)

Ou, ainda, a respeito da questão:

Muitas das manipulações que fazemos com objetos tornam o funcionamento do nosso aparelho motor comparável ao de um guindaste; mas um guindaste cuja carga a ser levantada governa a potência do motor, assim como a resistência de toda estrutura; além disso, ela governa seu equilíbrio que é variável em todas as direções. Este é indiscutivelmente o mais econômico dos guindastes do mundo, em cada operação ele faz apenas a força necessária naquela operação. Tem cabimento usar o mesmo monstro para levantar cinco automóveis juntos, depois, dez cachos de banana? Muito "econômica" esta máquina do engenheiro, não há dúvida. (*Ibidem*, p. 58-59)

Muito bem. Na verdade, se eu me dispusesse a comentar toda a obra do Gaiarsa, o texto não teria fim. São 60 anos como psiquiatra, cerca de dez anos na televisão; nunca deixou de escrever: são mais de 30 livros publicados, afora o material inédito. Quanto à vida pessoal, cinco casamentos, quatro filhos e mais os netos queridos – 90 anos de vida bem vivida. Portanto, um pouco resistente, vou me preparando para terminar.

No entanto, cabe frisar ainda que nada incomodava mais a meu amigo Zé (e a mim) do que o abominável tratamento dado às crianças pequenas – a "classe social" mais oprimida de todas.

Lamentavelmente, os futuros neuróticos para a perpetuação do sistema.

Termino com um poeminha. Não à altura do mestre, que não sou nenhum poeta. Mas feito de coração.

Passarinho

Era como um passarinho,
Vivia passarinhando
Trabalho divertimento
Lazer era trabalhando

Viver era puro amor
Amor sempre seu viver
E assim o tempo passou
Como tinha assim que ser

Já quase no finalzinho
Parecia iluminado
Suave, sempre sorrindo
Como se por Deus amado

Viveu como passarinho
Partiu assim de repente
Sorrindo rumo o infinito
Batendo asas contente
(Para meu amigo Zé)

REFERÊNCIAS

GAIARSA, J. A. *A estátua e a bailarina*. 3. ed. São Paulo: Ícone, 1995.
_____. *Sexo, Reich e eu*. São Paulo: Ágora, 2005.
_____. *O olhar*. São Paulo: Ágora, 2009.
_____. *Amores perfeitos*. 13. ed. rev. São Paulo: Ágora, 2013.
_____. *Couraça muscular do caráter (Wilhelm Reich)*. 7. ed. rev. São Paulo: Ágora, 2019.
HANNA, T. *Corpos em revolta*. São Paulo: Mundo Musical, 1976.
RODRIGUES, D. V. *Quarenta anos – Olip*. Rio de Janeiro: Oficina do Livro, 2012.

10.
Uma abordagem corporal para corpos brasileiros

FERNANDA CARLOS BORGES

OS ARES DO MODERNISMO

Nascido em 1920, em Santo André (SP), numa família muito católica, Gaiarsa não escapou de ser influenciado pelos ares do modernismo brasileiro – movimento cultural para romper com tradições autoritárias e engajado nas esperanças de um mundo mais democrático e justo. Muitos modernistas se envolveram com as revoluções políticas socialistas, cujas máquinas mecânicas movidas a motor inspiraram na direção de libertar o trabalho explorado.

Dentro do modernismo, a metáfora do corpo como máquina mecânica foi bastante presente. O interesse de Gaiarsa pela biomecânica do corpo humano é compartilhado por vários artistas modernistas: "O problema da mecanização do trabalho e do mito da máquina, muito antes de existirem como um problema social, existiam já como problema subjetivo, organizando e governando a maior parte das relações interpessoais e o funcionamento da sociedade" (Gaiarsa, 1988, p. 170). Ele entendia que o nosso corpo é uma máquina sofisticada que coloca no mundo as competências que conhece por experiência de si mesmo.

> As máquinas exercem sobre os homens [...] um fascínio mágico, prometendo a todos um poder, uma força e um controle que seriam chamados, sem um instante de hesitação, de "divinos" por quaisquer gerações de nossos antepassados. A alma da revolução comunista – convém recordar – despertou ao ouvir, de longe ainda, a sinfonia áspera do aço que gira e martela incansavelmente. (*Ibidem*, p. 233)

Os modernistas da área da dança e do teatro sabiam que, para um novo mundo, era preciso uma nova cultura do corpo. Não à toa reinventaram essas áreas e criaram a arte da *performance*. Como são formados os comportamentos para serem vistos era uma das questões modernistas; o propósito era colocar em crítica disposições que consideravam ultrapassadas. Como se dá o entrelaçamento entre ambiente-cenário e o corpo-ator era outra questão que movia dramaturgos modernistas como Meyerhold e Schlemmer. Gaiarsa, sem formação em arte, mas um médico encantado com a biomecânica e sofrendo as influências culturais do seu tempo, intuitivamente observou que

> as tensões tendem a ser ou a desenhar esquemas geométricos de esforços, bastante independentes da anatomia muscular. Pode-se e muitas vezes se deve falar em linhas, planos ou volumes de esforço (cilíndricos, cônicos, piramidais; no plano, triângulos, losangos, quadrados). Parece fácil passar dessas sensações para certas

formas de arte, em particular o cubismo, o abstracionismo e demais escolas que primam pelo esquemático e o geométrico. Parte importante da arte moderna estuda, sabendo ou sem o saber, nossas sensações musculares e – remotamente – nosso modo de relacionamento dinâmico com o mundo. (*Ibidem*, p. 103)

O JEITO

Gaiarsa foi um brasileiro apaixonado pelo jeito, palavra tão comum no nosso vocabulário cotidiano. Quer dizer, pela *performance* do corpo humano: como o corpo forma comportamentos. Já em 1976, na primeira edição do livro *A estátua e a bailarina* (p. 104), ele dizia que "nós não somos só músculos, mas tudo o que atua em nós atua através dos músculos e aí pode ser percebido" (Gaiarsa, 1988, p. 104). Ele construiu uma visão de corpo que favorece uma percepção da ideia de Heráclito e de Nietzsche da existência como organização de força: como tensão.

Desde a faculdade de Medicina, sua atenção foi absorvida pela biomecânica do corpo humano. Foi motivo de espanto conhecer a complexidade da postura e do movimento. No livro *A estátua e a bailarina*, ele usou a metáfora da marionete biomecânica hipercomplexa para tratar das condições éticas da postura humana, com cerca de 400 mil unidades motoras que partem do cérebro e movem, aproximadamente, 200 alavancas ósseas envolvidas por cerca de 500 músculos conectados em rede. A riqueza criativa dessa estrutura dinâmica sustenta a utopia de liberdade nas questões éticas de Gaiarsa, apoiado no fato de que "o corpo humano não tem forma própria [...] qual delas é a 'natural' ou a certa? Não existe nem uma nem outra, a não ser por convenção" (*ibidem*, p. 30).

O SENTIDO DA VIDA

Gaiarsa abriu, para mim, a percepção de uma filosofia ocupada com a produção e a percepção do sentido. Sentido é uma palavra que remete ao movimento dos corpos produzindo direção e espaço próprio. A pergunta simples sobre o sentido da vida pode ser simplificada pela pergunta "para onde vamos?" O maior problema existencial, para Gaiarsa, é sempre o próximo passo. Esse caminho confunde-se com o caminhante em um "como" formado nas disposições sustentadas na postura: as atitudes. A riqueza criativa de movimento faz da postura um meio de cultura, capaz de produzir uma infinidade de formas/atitudes nos diversos mundos. As atitudes são formadas como reação ao próprio desequilíbrio do esqueleto em movimento, aos afetos provocados pelos objetos e forças do mundo, entre elas as humanas, nas mais diferentes instâncias de convívio íntimo e social.

As atitudes, que sustentam os parâmetros das nossas tendências perceptivas, comportamentais e interpretativas, são formadas num processo compositivo e dinâmico. Estamos sempre colocados em uma composição. Composição indica situação e dinâmica, enquanto colocação indica posição e geometria. Trata-se da formação de uma espacialidade tensa no tempo. Um espaço composto como tenda, cujas cordas tensas que a sustentam são as resultantes vetoriais que emergem das forças musculares conectadas com o ambiente. Um aspecto cultural imerso na biomecânica.

Da raiz *tend* derivam palavras de valor intelectual como "entender" e "intenção", assim como termos com valor claramente prático como "entesar" e "tenda", porque

a tenda é bem o protomodelo para estar pronto e armado em um ato só. Esse é um dos poucos termos estáticos derivados dessa raiz essencialmente dinâmica [*tend*]. Mas um estático muito peculiar porque SEMPRE teso e só servindo – tendo função – enquanto teso, isto é, trabalhando PARADO. (Gaiarsa, 2019, p. 12)

Nossa maior urgência é a de orientação: produzir sentido. Ao sentido estão subordinados o sistema de equilíbrio, os sistemas visual e auditivo, assim como entrelaçados o sistema reptiliano (respostas simples baseadas em atração-repulsão), o sistema límbico (respostas mais complexas como alegria e tristeza, amor e ódio) e o neocórtex (respostas interpretativas e planejamento).

DIFERENÇA E REPETIÇÃO

A atenção no que se repete nos coloca em contato com a ideia de atemporalidade, universalidade. A atenção na diferença nos coloca dentro do movimento, quer dizer, do tempo da imanência, onde nos conectamos com a vida produzindo sentido. O trabalho clínico e político de Gaiarsa (políticas do cotidiano) visava reconectar a consciência com o acontecimento (o que é tecido com) ainda tendo em vista a biomecânica do corpo humano.

Para Gaiarsa (1988, p. 154),

O contratempo adequado da eternidade é o tempo – o momento; aquilo capaz de equilibrar o amorfo é a forma – e vice-versa. Só tem sentido a eternidade que se realiza no momento e a forma que no momento emerge do amorfo

ABRINDO OS OLHOS

Tendo em mente esses entrelaçamentos biomecânicos das relações, Gaiarsa enfatizou a necessidade de cultivar a habilidade de ver – "ver com olhos livres", como diria o modernista brasileiro Oswald de Andrade. Gaiarsa viu a televisão entrar na casa das famílias brasileiras e popularizar a imagem em movimento, capturada pela tecnologias audiovisuais. Usou essa tecnologia em muitas oportunidades nos grupos de estudos que organizou. Vale lembrar o que escreveu sobre isso o filósofo modernista Walter Benjamim, em *A obra de arte na época de suas técnicas de reprodução* (1983, p. 22-23), para compreendermos em qual contexto Gaiarsa foi tecido para fazer o que fez e pensar o que pensou:

> O cinema acarretou [...] um aprofundamento da percepção. E é em decorrência disso que as suas realizações podem ser analisadas de forma bem mais exata e com número bem maior de perspectivas do que aquelas oferecidas pelo teatro ou a pintura. Conhecemos em bruto o gesto que fazemos para apanhar um fuzil ou uma colher, mas ignoramos quase todo o jogo que se desenrola realmente entre a mão e o metal, e com mais forte razão ainda devido às alterações introduzidas nesses gestos pelas flutuações de nossos diversos estados de espírito. É nesse terreno que penetra a câmara, com todos os seus recursos auxiliares de imergir e de emergir, seus cortes e seus isolamentos, suas extensões do campo e suas acelerações,

seus engrandecimentos e suas reduções. Ela nos abre, pela primeira vez, a experiência do inconsciente visual, assim como a psicanálise nos abre a experiência do inconsciente instintivo.

A inconsciência visual foi um dos motores criativos de Gaiarsa para a clínica psicoterapêutica ou para os métodos de autoconhecimento, para a qual usou a câmera. O grande problema colocado por Gaiarsa era a dissociação entre o que se fala, o que se faz e o que se vê. Uma dissociação que corresponde a uma cegueira coletiva e cultivada desde a infância, regida pelo imperativo "não veja" e submeta-se à ideologia dominante. A paixão pelo olhar andava junto com a paixão pelo sistema de equilíbrio biomecânico. O sistema visual traça uma topografia das formas, forças e cores do ambiente para a produção da perspectiva: a orientação espacial e a direção do movimento. A percepção visual sempre implica uma seleção que pode ser mais ou menos limitada com relação ao mapeamento da situação. E foi conhecer o que produz a limitação do olhar sobre o ambiente que moveu o interesse de Gaiarsa. Para Gaiarsa, o inconsciente visual contém todas as imagens proibidas de ser vistas, como o caso do rei nu, mas que influem sobre nossas disposições numa reação postural automática. Para ele, uma das características da alienação vem do cultivo de não vermos o que está aí para ser visto. A propósito, a palavra intuição vem do latim *intuire*, que significa ver.

O HÁBITO

Nascido nos anos 1920 e crescido em um Brasil em transformação, Gaiarsa ocupou muito da sua produção teórica com a questão do hábito. E nisso ele se aproxima bastante, a meu ver, de Pierre Bourdieu, que oferece uma sociologia para o pensamento psicológico de Gaiarsa. Também favorece situar o Gaiarsa dentro de um paradigma científico, o paradigma corpóreo. A noção de *habitus* articula o social incorporado e abre espaço para as articulações do indivíduo. Thomas Csordas (1990) entende o paradigma corpóreo como solução para a dualidade entre a estrutura objetiva e a prática subjetiva levantada por Bourdieu e, acrescento, levantada por Gaiarsa.

O hábito, em Gaiarsa, deve ser entendido nos seguintes processos: imitação, com a qual assimilamos comportamentos no sentido da citacionalidade no movimento (posturas e gesticulações normativa); complementação ou oposição, que é um modo binário de composição de posições complementares (por exemplo: opressor-oprimido e opressor-rebelde) e, finalmente, o que Gaiarsa enfatizava como a possibilidade auto-organizadora da postura a partir da novidade. Os mecanismos autorreguladores são capazes de produzir disposições novas, que também produzem novos caminhos que alteram as conexões do sistema no qual o corpo está entrelaçado. É a capacidade de o corpo produzir novidade no fluxo do tempo e da afetividade. Gaiarsa (1988, p. 106) repara que afetividade provém do latim *fac*, fazer. Isso significa que "o objeto nos afeta, isto é, faz algo conosco, e nós o afetamos, fazemos algo com ele".

Os esforços de sustentação do esqueleto acontecem, são tecidos, no contexto cultural, social e das relações pessoais, que fazem dos esforços simples de sustentação os esforços que produzem significado e sentido. Tratamos como sinônimas as concepções de atitude (Gaiarsa) e disposições

(Bourdieu), fundamentadas na performatividade da postura. Tanto as atitudes quanto as disposições tratam de tendências do movimento.

QUEDA E DESORIENTAÇÃO

Outra contribuição de Gaiarsa é a questão da queda e da desorientação. Como as atitudes (disposições) são sustentadas no sistema de equilíbrio da postura, quando uma novidade afeta a atitude habitual provoca um desequilíbrio biomecânico. Esse desequilíbrio pode levar realmente à queda – não à toa, o medo de queda é um mito tão presente na nossa vida judaico-cristã.

O desequilíbrio e o medo da queda podem se expressar numa reação conservadora por meio da intensificação da atitude habitual no corpo. Não à toa, em tempos de grandes mudanças sociais e culturais, surgem também as reações conservadoras e autoritárias, como as que vivemos hoje no Brasil de 2020, contra os avanços sociais a favor das minorias e de novos costumes. Conservadores amedrontados com a própria queda e que criaram, por exemplo, a ideia absurda de que feministas e homossexuais destruirão o mundo. O machista resiste contra os avanços da igualdade, amedrontado e desorientado. Cagão, no português gaúcho do analista de Bagé. Cagão e autoritário.

Gaiarsa repara que resistência "etimologicamente significa um re-estar, um estar de novo ou outra vez. Em relação ao encontro, não é algo que se conhece; é algo que se re-conhece" (Gaiarsa, 1988, p. 60). Dentro do contexto teórico de Gaiarsa, a resistência é a condição primária dos esforços posturais que depois assumirá características psicológicas e sociológicas, porque "nós nos reequilibramos continuamente, isso é, nos re--pomos a todo instante, re-estamos a todo momento, resistimos sempre" (*ibidem*). A manutenção habitual dos parâmetros da posição favorece não cair, mas também dificulta a criatividade e a adaptação "impondo um mundo ao momento" – nas palavras de Gaiarsa.

QUEM SOU EU?

Gaiarsa tem uma teoria muito familiar à de Damásio (2000) sobre o eu. O eu é formado na perspectiva sensório-motora, ligado à apreensão dos objetos do mundo por um "eu sei" que subordina o objeto à sua própria perspectiva. Um conhecimento engendrado por um eu que se apropria das imagens sensoriais/mentais por meio da perspectiva, cuja urgência é a orientação (*ibidem*). Damásio o chamou de *self* central, mas Gaiarsa assim o descreve (1988, p. 40): "O ego é logo experimentado como aquilo que muda o mundo conforme eu pretendo", porque o imperativo é, sempre, situar-se no ambiente e agir nele.

Mas Gaiarsa aponta, também, a emergência de outro tipo de eu que "não sabe", quando "tomamos consciência – ou o ego se ativa –, sempre que minha relação com o objeto, naqueles aspectos não diretamente em relação, altera-se de modo sensível, perturbando ou desorganizando a relação direta" (1988, p. 83). Um eu indefinido que nasce do espanto. Um espanto que desnaturaliza o comportamento habitual. Falta amor neste mundo, mas também falta coragem para o espanto.

O eu que não sabe emerge das posturas-perspectivas nascentes refazendo o sentido. "Não sabe" porque elaborado no presente para produzir o futuro. Como parte da musculatura é treinável, também os movimentos são suscetíveis à vontade, entendida como "porque quero". Subdivide a vontade em duas: o "porque quero" conduzido pelo hábito, quer dizer, pela memória e pelo passado; e o "porque quero" conduzido pelos processos autorreguladores da postura, pelo futuro. "A consciência se forma onde os hábitos estabelecidos entram em colisão uns com os outros, onde há colisão uns com os outros ou onde há discordância com a situação. Uma vez formada (a atitude), sua função é "re-solver" a interferência e restabelecer a ordem, modificando, dissolvendo e re-estruturando novos hábitos" (Gaiarsa, 1988, p. 129).

AS METÁFORAS SENSÓRIO-MOTORAS DA RAZÃO

Os norte-americanos George Lakoff e Mark Johnson (1999, p. 20) entendem que a natureza da linguagem é a metáfora sensório-motora, "o lócus da razão (inferência conceitual) pode ser o mesmo do lócus da percepção e do aparelho sensório--motor, os quais são funções corporais". Para eles, tempo é uma metáfora primária do movimento, por exemplo. Formalizaram academicamente algo que Gaiarsa já vinha estudando, escrevendo e publicando décadas antes no Brasil ao buscar na etimologia das palavras a metáfora do movimento, como com a raiz *tend*, que deu tensão, intenção, tenda, tendência, por exemplo. Gaiarsa foi precursor da compreensão dos conceitos do espírito como metáforas do movimento lá nos anos 1970.

Para Gaiarsa (1988, p. 41), "a abstração consiste em captar o elemento proprioceptivo de uma dada situação. Explicar a situação significa saber como se distribuíram as forças que a criaram. O mesmo acontece – e com maior razão – quando falamos em examinar uma situação a fim de modificá-la". A propriocepção mapeia a relação. A metáfora da resultante das forças é o vetor, sem o qual não teríamos concebido teoricamente o sentido. Gaiarsa entendia que a teoria (do grego *thea* mais *horan*, que significa "uma vista"; *thea* também está em teatro) deve ser entendida como signos verbais produzidos para levar a ver ou "perceber como transita a força de um corpo a outro, como ela se divide, reúne, organiza ou se anula, ao fazer os corpos mudarem de posição, de distância relativa, forma" (*ibidem*, p. 43).

A LEI

Gaiarsa foi um crítico da psicanálise. Tenho muita simpatia pela psicanálise e vou trazer uma contribuição dele à teoria psicanalítica que me parece a mais interessante e que deve ser contextualizada no modernismo brasileiro da primeira metade do século XX, no qual Gaiarsa nasceu e se fez adulto.

Contra o trauma da colonização, Oswald de Andrade propunha a antropofagia cultural como um antídoto contra o autoritarismo colonial e contra o ressentimento fascista que transforma o outro em um mal substancial cuja existência não se justifica e que merece o extermínio. É assim que exterminar é fugir da briga, é covardia violenta.

Para Oswald de Andrade (1995, p. 143), o freudismo tem resíduos do patriarcado colonial:

Numa sociedade onde a figura do pai se tenha substituído pela da sociedade, tudo tende a mudar. Desaparece a hostilidade contra o pai individual que traz em si a marca natural do arbítrio. No matriarcado é o senso do superego tribal que se instala na formação da adolescência.

Segundo Gaiarsa, a noção de lei emerge como metáfora conceitual das sensações proprioceptivas do equilíbrio biomecânico que determina as limitações para o movimento possível. Na definição de Gaiarsa (1988, p. 71), o superego é a "expressão da atuação, sobre a consciência, de nosso sistema de equilíbrio". Um superego central que determina as leis do jogo, do *jactus*, do modo como nos lançamos no mundo, com o outro. Sobre esse superego básico engendra-se o cultural como memória incorporada na *performance* social do corpo. A lei, então, é entrelaçada no sistema de equilíbrio e nos valores e formas da cultura.

Atitudes também são esquemas motores reificados como forma da cultura, que podem ser aprovadas ou desaprovadas. Isso significa que a lei biomecânica ocorre juntamente com os ajustes da tradição: "É assim que o superego é percebido: como interferência entre o imóvel (resistência) e um processo evolutivo" (Gaiarsa, 1988, p. 60), tanto com relação às necessidades básicas do próximo passo individual quanto com relação ao próximo passo que mobiliza uma tradição. É impossível dar o próximo passo se não estamos em lugar nenhum.

REFERÊNCIAS

ANDRADE, O. de. *A utopia antropofágica*. São Paulo: Globo/Secretaria do Estado da Cultura, 1995.

BENJAMIN, W. "A obra de arte na época de suas técnicas de reprodução". In: *Benjamin, Horkheimer, Adorno, Habermas – Textos escolhidos*. 2. ed. São Paulo: Abril Cultural, 1983.

BORGES, F. *A filosofia do jeito: um modo brasileiro de pensar com o corpo*. São Paulo: Summus, 2006.

BOURDIEU, P. *Coisas ditas*. São Paulo: Brasiliense, 2004.

CSORDAS, T. "Embodiment as a paradigm for antropology". *Revista Ethos*, v. 18, n. 1, 1990, p. 5-47.

DAMÁSIO, A. *O mistério da consciência*. São Paulo: Companhia das Letras, 2000.

GAIARSA, J. A. *A estátua e a bailarina*. 2. ed. São Paulo: Ícone, 1988.

_____. *Couraça muscular do caráter (Wilhelm Reich)*. 7. ed. rev. São Paulo: Ágora, 2019.

LAKOFF, G.; JOHNSON, M. *Philosophy in the flesh – The embodied mind and its challenge to Western thought*. Nova York: Basic Books, 1999.

SCHECHNER, R. *Performance studies: an introduction*. Nova York: Routledge, 2002.

André Gaiarsa

Fábio Landa

Daisy Souza

Pedro Prado

Dárcio Valente Rodrigues

Monja Coen

Nadeesh Gaiarsa

Fernanda Carlos Borges

Regina Favre

Regina Navarro Lins

www.gruposummus.com.br